The Beginner's Spanish Language Learning Workbook for Adults

Ornella B.D.　　　Esmeralda G.L.　　　Diana C.

The Beginner's Spanish Language Learning Workbook for Adults by SPANZ2A

www.spanz2a.com

Copyright © 2022 SPANZ2A

No part of this book may be reproduced, or stored in a retrieval system, or transmitted in any form or by any means, electronic, mechanical, photocopying, recording, or otherwise, without express written permission of the publisher.

ISBN-13: 978-1-7780278-1-9

TABLE OF **CONTENTS**

01 Alphabets	115 Food and Drinks
08 Numbers	126 Gender of Nouns
15 Greetings	130 Definite Articles
37 Asking Questions	133 Indefinite Articles
53 Manners	139 Days of the Week
85 Introductions	148 Months of the Year
107 Personal Pronouns	153 Dates and Time

ABOUT THIS **BOOK**

1. We have left out pronunciation guides as we believe that an easier and faster way to get used to the sound of Spanish is through listening and speaking. Pronunciation guides can provide a general idea of how certain words are read, but they might not be the most accurate- unless we're talking about the International Phonetic Alphabet (remember those foreign symbols in dictionaries?) We can go on about accent differences as well, but ... how would you like to stay till next year?

> The audiobook for this workbook will be available on Audible and our spanz2a.com website.

2. Mastering a language involves several aspects: grammar, reading, vocabulary, writing, listening, speaking, culture, etc. As much as we would like it to be, this workbook is *not* a comprehensive tool to learn Spanish. We encourage you to seek out a variety of resources to create a more rounded learning experience. Treat this workbook as a fun complement, not a one-stop Spanish guru!

> Visit our SPANZ2A website for resources on vocabulary, reading, listening, and more!

3. Most chapters can be divided into 3 sections: picking up patterns, organizing patterns, and applying patterns (the aha moment).

We will guide, but not spoon-feed. You will be in the driver's seat, and you will get to decide how everything makes sense. You will not be presented with a list of "most common vocab to learn", but you will need to gather your own word list. You will not be presented with a set of grammar rules to follow, but you will have to identify patterns to follow (we're learning, not creating a language after all!).

That said, we'll be happy to guide from shotgun.

Just no speeding, please. We have weak hearts.

> What you might need: highlighters, color pencils
> What you absolutely need: passion to discover Spanish!

01

Alphabets

PICKING UP PATTERNS

Getting used to Spanish alphabets

nombre	n o m b r e
niño	n i ñ o
gato	g a t o
julio	j u l i o
qué	q u é
feliz	f e l i z
casa	c a s a
edad	e d a d
México	M é x i c o
ciudad	c i u d a d

1.1 APPLYING PATTERNS

Split the following words into their respective letters.

hija ------
televisión ------
mesa ------
sol ------
diez ------
viernes ------
ayer ------
señor ------
gris ------
león ------

Spanish cognates:

Words that sound or are spelled almost the same in English and have the same meaning.

Examples of Spanish cognates:

hotel	hotel	interesante	interesting
universidad	university	doctor	doctor
restaurante	restaurant	perfecto	perfect
favorito	favorite	música	music

1.2 PICKING UP PATTERNS

Guess the word based on the given letter names.

vaca   té   otoño   niño   luz

examen   junio   corazón   México   mujer

1. o, te, o, eñe, o -------------
2. ce, o, erre, a, zeta, o, ene ----
3. te, e--------------------
4. eme, u, jota, e, erre --------
5. ene, i, eñe, o -------------
6. eme, e, equis, i, ce, o -------
7. e, equis, a, eme, e, ene ------
8. ve, a, ce, a----------------
9. ele, u, zeta ----------------
10. jota, u, ene, i, o ------------

Variations of V in Spanish:

ve

uve

1.3 PICKING UP PATTERNS

Guess the word based on the given letter names.

| niña | kilo | qué | jefe | bebé |
| gata | fácil | hoy | despacio | ayer |

1. de, e, ese, pe, a, ce, i, o ------
2. be, e, be, e ----------------
3. jota, e, efe, e --------------
4. ge, a, te, a ----------------
5. ka, i, ele, o ---------------
6. hache, o, ye --------------
7. cu, u, e -------------------
8. efe, a, ce, i, ele ------------
9. a, ye, e, erre --------------
10. ene, i, eñe, a -------------

Variations of Y in Spanish:

i griega
ye

1.4 ORGANIZING PATTERNS

Fill in the alphabet chart.

A	....	J	....	R	....
B	....	K	....	S	....
C	....	L	....	T	....
D	....	M	....	U	....
E	....	N	....	V	....
F	....	Ñ	....	W	....
G	....	O	....	X	....
H	....	P	....	Y	....
I	....	Q	....	Z	....

Note:
W is not native to Spanish but variations of the letter name are *doble ve, uve doble, doble uve, doble u.*

✓ 1.5 APPLYING PATTERNS

Work out the word based on the given letter names.

1. ce, i, u, de, a, de ------------
2. pe, ele, a, ye, a ------------
3. ce, e, ene, a ------------
4. ese, e, eñe, o, erre, a --------
5. ye, a --------------------
6. te, i, ge, erre, e ------------
7. be, a, i, ele, e -------------
8. efe, ele, o, erre ------------
9. te, a, zeta, a --------------
10. jota, u, ge, o --------------

✓ 1.6 APPLYING PATTERNS

List the letter names of the given words.

1. banana -------
2. sal ----------
3. ojo ----------
4. nariz --------
5. inglés --------
6. baño --------
7. parque -------
8. clase --------
9. dónde -------
10. año ---------

02

Numbers

2.1 PICKING UP VOCAB

Name the number based on the given math.

2 + 2 =	cuatro	2 + 3 =	cinco	2 + 1 =	tres
4 + 5 =	nueve	1 + 1 =	dos	5 + 1 =	seis
5 + 2 =	siete	2 - 1 =	uno	4 + 4 =	ocho
3 - 3 =	cero	5 + 5 =	diez		

0 ------
1 ------
2 ------
3 ------
4 ------
5 ------
6 ------
7 ------
8 ------
9 ------
10 ------

2.2 APPLYING VOCAB

Name the answer number.

reference chart

0 -
1 -
2 -
3 -
4 -
5 -

6 -
7 -
8 -
9 -
10 -

4 + 2 = *seis*
2 - 2 =
2 - 1 =
6 + 4 =
5 - 2 =
3 - 1 =
7 + 2 =
5 - 1 =
2 + 3 =
5 + 3 =
8 - 1 =

2 + 6 = *ocho*
3 + 1 =
1 - 1 =
0 + 1 =
6 + 4 =
4 - 2 =
7 - 1 =
6 + 1 =
3 + 0 =
4 + 1 =
6 + 3 =

2.3 APPLYING VOCAB

Name the answer number.

5	-	*cinco*	=	0		10	-	*dos*	=	8
3	-		=	1		1	+		=	10
1	+	1	=				-	3	=	5
4	-		=	3		0	+		=	7
	+	0	=	4			-	3	=	3
2	+		=	5		1	+		=	6
	+	1	=	6		4	+	0	=	
	-	2	=	7			-	1	=	2
	+	1	=	8			+	2	=	4
3	+		=	9		2	-	1	=	
	+	2	=	10			-	9	=	1

False cognate:
Un billón **in Spanish actually refers to a trillion, not billion!**

2.4 PICKING UP VOCAB

Based on what you have learnt from the previous exercises, try to guess and match the following numbers to their names.

11	doce
12	trece
13	once
14	catorce
15	dieciséis
16	quince
17	diecisiete
18	dieciocho
19	veinte
20	diecinueve

2.5 ORGANIZING VOCAB

Fill in the blanks.

0	--------	10	--------
1	--------	11	--------
2	--------	12	--------
3	--------	13	--------
4	--------	14	--------
5	--------	15	--------
6	--------	16	--------
7	--------	17	--------
8	--------	18	--------
9	--------	19	--------

----	veinte	----	veintiséis
----	veintiuno	----	veintisiete
----	veintidós	----	veintiocho
----	veintitrés	----	veintinueve
----	veinticuatro	----	treinta
----	veinticinco		

31	treinta y uno	40	cuarenta
32	treinta y dos	50	cincuenta
33	----------	60	sesenta
34	----------	70	setenta
35	----------	80	ochenta
36	----------	90	noventa
37	----------	100	cien
38	----------		
39	----------		

2.6 APPLYING VOCAB

Name the given numbers.

21	----------	50	----------
70	----------	60	----------
20	----------	80	----------
30	----------	100	----------
12	----------	90	----------
15	----------	19	----------
11	----------	23	----------
13	----------	1	----------
14	----------	5	----------
40	----------	10	----------

03

Greetings

PICKING UP VOCAB

Provided are four informal greeting conversations. Highlight the terms and phrases you personally find relevant and note them down at the bottom section.

Paco: Buenas, Carmen. ¿Cómo estás?
Carmen: Pues no muy bien, la verdad.
Paco: ¿Qué pasa?
Carmen: Estoy sin trabajo. Así que, estoy muy preocupada.
Paco: ¿Dónde buscas trabajo?
Carmen: Busco en el barrio, pero no encuentro nada.
Paco: ¿De qué quieres trabajar?
Carmen: Pues de cocinera o camarera. Tengo mucha experiencia.
Paco: Sí, ya lo sé. Voy a preguntar a un amigo que tiene varios restaurantes.
Carmen: Te lo agradezco. Ya sabes que tengo dos hijos pequeños.
Paco: Ya lo sé. Voy a intentar ayudarte.
Carmen: Por favor, llámame por teléfono si sabes de algún trabajo.
Paco: Vale, si me entero de algo te aviso.
Carmen: Gracias. Espero tu llamada.
Paco: Bueno, no te preocupes. Que te vaya bien. ¡Adiós!

NOTE

PICKING UP VOCAB

Paco: Hello, Carmen. How are you?
Carmen: Well, not very good, to be honest.
Paco: What's going on?
Carmen: I am unemployed. So, I am really worried.
Paco: Where are you looking for a job?
Carmen: I am looking in town, but I cannot find anything.
Paco: What kind of job are you looking for?
Carmen: Well, as a cook or waitress. I have a lot of experience.
Paco: Yes, I know. I am going to ask a friend who has some restaurants.
Carmen: I appreciate that. You know that I have two little children.
Paco: I know. I will try to help you.
Carmen: Please call me if you know about a job.
Paco: Okay, I will let you know if I hear something.
Carmen: Thank you. I'll wait for your call.
Paco: Well, do not worry. Good luck. Bye!

NOTE

PICKING UP VOCAB

Elena: Buenas noches, Antonio. ¿Qué tal?
Antonio: Buenas noches. ¿Cómo te va?
Elena: Muy bien. Ya estoy en mi casa nueva.
Antonio: ¡Qué bien! ¿Cuántas habitaciones tiene?
Elena: Pues tiene tres habitaciones y un despacho.
Antonio: Entonces es grande.
Elena: Sí, es muy amplia. También tiene una cocina, dos baños, un aseo y un salón.
Antonio: ¿Me vas a invitar a verla?
Elena: Por supuesto, puedes venir este fin de semana. Vamos a hacer una fiesta de inauguración.
Antonio: Perfecto, puedo venir con mi novia, ¿no?
Elena: Claro, aún no la conozco.
Antonio: Pues, este fin de semana te la presento.
Elena: Os espero en mi casa. Te mando la dirección por teléfono.
Antonio: Vale. Bueno, me tengo que ir. Chao.
Elena: Yo también. Nos vemos.

NOTE

PICKING UP VOCAB

Elena: Good evening, Antonio. What's up?
Antonio: Good evening. How are you doing?
Elena: Very good. I am already in my new home.
Antonio: That is great! How many rooms does it have?
Elena: Well, it has three rooms and an office.
Antonio: Then it is big.
Elena: Yes, it is very large. It also has a kitchen, two bathrooms, one lavatory and a living room.
Antonio: Are you going to invite me to see it?
Elena: Of course, you can come this weekend. We're going to have a housewarming party.
Antonio: Perfect! I can come with my girlfriend, right?
Elena: Sure, I still don't know her.
Antonio: Well, this weekend I introduce her to you.
Elena: I'll wait for you at my house. I'll send you the address by text.
Antonio: Okay. Well, I have to go. Bye.
Elena: Me too. See you.

NOTE

PICKING UP VOCAB

Manolo: Hola, Teresa. ¿Cómo te va?
Teresa: Regular. Tengo muchos exámenes. ¿Y a ti, cómo te va?
Manolo: Así, así. Tengo mucho trabajo.
Teresa: Pues estamos los dos muy ocupados, ¿eh?
Manolo: Pues sí. La empresa quiere abrir una oficina en China.
Teresa: ¡Qué interesante! ¿Viajas a China o tenéis las reuniones por internet?
Manolo: A veces viajamos, pero tenemos reuniones todas las semanas por internet.
Teresa: Yo estoy terminando de estudiar psicología, tengo los exámenes finales.
Manolo: Entonces, supongo que estás siempre en la biblioteca.
Teresa: Sí, voy a estudiar allí con el ordenador y los auriculares para escuchar música, así me concentro.
Manolo: Yo recuerdo también esa época. ¿Cuándo terminas de estudiar?
Teresa: Termino en junio, antes del verano. Si apruebo todo.
Manolo: Bueno, te deseo mucha suerte con los exámenes. Nos vemos.
Teresa: Chao. Que tengas un buen día.

NOTE

PICKING UP VOCAB

Manolo: Hello, Teresa. How are you doing?
Teresa: Regular. I have lots of exams. And you? How are you doing?
Manolo: So, so. I have lots of work.
Teresa: Well, we are both very busy, huh?
Manolo: Well, yes. The company wants to open an office in China.
Teresa: Interesting! Do you travel to China or do you have meetings online?
Manolo: Sometimes we travel, but we have meetings online every week.
Teresa: I'm finishing studying psychology; I have my final exams.
Manolo: So, I guess you're always in the library.
Teresa: Yes, I am going to study there with the computer and headphones to listen to music, so I can concentrate.
Manolo: I also remember those times. When do you finish studying?
Teresa: I finish in June, before summer. If I pass everything.
Manolo: Well, I wish you luck with the exams. See you.
Teresa: Bye. Have a great day.

NOTE

PICKING UP VOCAB

María: Hola Pedro. ¿Qué tal estás?
Pedro: Bien, ¿y tú?
María: Muy bien, ya estoy en la Universidad.
Pedro: ¿Qué estudias?
María: Estudio medicina.
Pedro: ¿Es difícil?
María: Un poco, hay que estudiar mucho.
Pedro: Bueno, hay que tener paciencia, son muchos años de estudio.
María: Sí, voy mucho a la biblioteca para terminar pronto.
Pedro: Entonces, te gusta estudiar el cuerpo humano.
María: Sí, me gusta mucho.
Pedro: ¿Quieres ser médico?
María: Sí, como mi padre.
Pedro: Así que sigues la profesión de tu padre.
María: Sí, me gusta examinar a las personas enfermas.
Pedro: Entonces, no quiero verte en el futuro en tu trabajo, ja, ja, ja.
María: Bueno, ¡espero no verte en mi trabajo!
Pedro: Ahora tengo que irme, me alegro de verte. Adiós.
María: Yo también tengo que irme. Hasta pronto.

NOTE

PICKING UP VOCAB

María: Hello, Pedro. How are you?
Pedro: Fine, and you?
María: Very good, I'm already in college.
Pedro: What do you study?
María: I study medicine.
Pedro: Is it difficult?
María: A little, you have to study a lot.
Pedro: Well, you have to be patient, it is so many years of study.
María: Yes, I go to the library a lot to finish sooner.
Pedro: So, you like to study the human body.
María: Yes, I like it a lot.
Pedro: Do you want to be a doctor?
María: Yes, like my father.
Pedro: So, you are following your father's profession.
María: Yes, I like to examine sick people.
Pedro: Well, I don't want to see you in the future at your job, ha ha ha.
María: Well, I hope I don't see you at my work!
Pedro: I have to go now, I'm glad to see you. Bye.
María: I have to leave, too. See you soon.

NOTE

PICKING UP VOCAB

Provided are two formal greeting conversations. Highlight the terms and phrases you personally find relevant and note them down at the bottom section.

Juan: Buenos días, Sra. Luisa.
Luisa: Buenos días, Sr. Juan. Que gusto verlo. ¿Cómo está?
Juan: Como siempre. ¿Y usted?
Luisa: Regular, estoy enferma con gripe.
Juan: Lo siento. ¿Tiene fiebre?
Luisa: Sí, tengo un poco de fiebre. Pero ya estoy mejor.
Juan: Claro, ahora en invierno es normal. Mucha gente tiene gripe.
Luisa: Y su mujer, ¿qué tal está?
Juan: Pues está en la cama, porque también tiene gripe. Tiene fiebre y tos.
Luisa: Dele recuerdos. Voy a ir a verla la próxima semana. Si le parece bien.
Juan: Sí, seguro que se pone contenta. Ya sabe que le gusta recibir visitas.
Luisa: Ya lo sé. Voy a llevar algunas pastas, así merendamos.
Juan: Fantástico. Se lo voy a decir. Cuídese y que tenga un buen día.
Luisa: Gracias, usted también.

NOTE

PICKING UP VOCAB

Juan: Good morning, Miss Luisa.
Luisa: Good morning, Mr. Juan. How nice to see you! How are you?
Juan: As always. And you?
Luisa: So, so, I am sick with the flu.
Juan: I am sorry. Do you have a fever?
Luisa: Yes, I have a little bit of a fever. But I'm better now.
Juan: Of course, now in winter it's normal. Many people have the flu.
Luisa: And your wife, how is she?
Juan: Well, she's in bed, because she also has the flu. She has a fever and cough.
Luisa: Give her my regards. I'm going to see her next week. If that's ok.
Juan: Yeah, I'm sure she'll be happy. You know that she likes to have visits.
Luisa: I know. I'm going to bring some pastries, so we can have an afternoon snack.
Juan: Fantastic. I'll tell her. Take care and have a nice day.
Luisa: Thank you, you too.

NOTE

PICKING UP VOCAB

Clara: Buenas, profesor. ¿Puedo pasar?
José: Sí, pase. ¿Qué dudas tiene?
Clara: No entiendo esta parte de la Revolución Industrial.
José: Pues es muy fácil. Es una época de cambios, por eso hay muchos problemas.
Clara: ¡Ah! Como ahora, que también estamos con muchos cambios.
José: Sí. Ahora la tecnología está en todos los lugares y todo es distinto.
Clara: Estoy de acuerdo. Incluso mi hermano pequeño ya tiene una tableta.
José: Pues, con los niños pequeños hay que ir al parque para jugar con otros niños.
Clara: Sí, también va al parque todos los días por la tarde.
José: Eso está muy bien.
Clara: De acuerdo. Hasta mañana.
José: Hasta mañana.

NOTE

PICKING UP VOCAB

Clara: Hello, professor. Can I come in?
José: Yes, come in. What doubts do you have?
Clara: I do not understand this part of the Industrial Revolution.
José: Well, it's very easy. It is a time of change, so there are many problems.
Clara: Ah! Like now, we are also having many changes.
José: Yes. Now technology is everywhere and everything is different.
Clara: I agree. Even my little brother already has a tablet.
José: Well, you have to take small children to the park to play with other children.
Clara: Yes, he also goes to the park every day in the afternoon.
José: That's very good.
Clara: Okay. See you tomorrow.
José: See you tomorrow.

NOTE

3.1 ORGANIZING PATTERNS

Translate the following terms and phrases into English in reference to the previous greeting conversations.

Hola - - -

Buenas - - -

Buenos días - - -

Buenas tardes - - -

Buenas noches - - -

¿Cómo estás? - - -

¿Qué tal? - - -

¿Qué pasa? - - -

Que gusto verlo - - -

Bien, gracias, ¿y tú? - - -

Muy bien - - -

Me alegro de verte - - -

Como siempre - - -

Regular / así, así / Más o menos - - -

No muy bien - - -

De acuerdo / Vale - - -

Nos vemos - - -

Hasta luego - - -
Hasta pronto - - -
¡Adiós! - - -
Bueno, me tengo que ir - - -
Chao - - -
Hasta mañana - - -
Que tengas un buen día - - -
Que te vaya bien - - -
Cuídate - - -
Cuídese - - -

Tú vs *Usted*

The rule of thumb is to use *tú* for informal situations e.g. with friends, children, or people you already know very well, and to use *usted* for formal situations e.g. with strangers, your employer(s), and the elderly.

3.2 APPLYING VOCAB

Translate the following.

See you - - - - - -
Okay - - - - - -
So-so / alright - - - - - -
Good to see you - - - - - -
As usual - - - - - -
Very good / well - - - - - -
I'm glad to see you - - - - - -
Not very good - - - - - -
Good, thank you, and you? - - - - - -
See you later - - - - - -

- - - - - - Buenas tardes
- - - - - - Que te vaya bien
- - - - - - ¿Qué tal?
- - - - - - ¿Cómo estás?
- - - - - - Hola
- - - - - - Chao
- - - - - - Hasta mañana
- - - - - - Buenos días
- - - - - - Que tengas un buen día
- - - - - - Buenas noches

3.3 APPLYING VOCAB

Choose the best response for the given question or statement.

1. Hola, Marcelo. ¿Qué tal?
   Hello, Marcelo. What's up?

   a. ¡Adiós!
   b. Nos vemos.
   c. Bien, gracias, ¿y tú?

2. Buenas, Rodrigo.
   Hello, Rodrigo.

   a. Hola.
   b. Muy bien.
   c. No muy bien.

3. ¿Qué pasa?
   What's up?

   a. Hasta luego.
   b. Que te vaya bien.
   c. Como siempre.

4. Buenos días, profesor.
   Good morning, professor.

   a. Bien, gracias.
   b. Más o menos.
   c. Hola, Carmen.

5. Hola, Ricky.
   Hello, Ricky.

   a. Así, así.
   b. Muy bien.
   c. Qué gusto de verlo.

6. ¿Te llamo más tarde?
   I'll call you later?

   a. Vale.
   b. Buenas tardes.
   c. Chao.

7. Nos vemos en la clase.
   See you in class.

   a. De acuerdo.
   b. Regular.
   c. ¿Cómo estás?

8. Chao, Marisabel.
   Bye, Marisabel.

   a. No muy bien.
   b. Hasta pronto.
   c. ¿Qué pasa?

3.3 APPLYING VOCAB

9. ¿Cómo estás?
   How are you?

   a. Buenas tardes.
   b. Más o menos.
   c. Nos vemos.

10. Hasta luego.
    See you later.

    a. Cuídate.
    b. Hola.
    c. ¿Qué pasa?

11. Te escribo más tarde.
    I'll write you later.

    a. De acuerdo.
    b. Bien, gracias.
    c. Que tengas un buen día.

12. Nos vemos.
    See you.

    a. Que te vaya bien.
    b. Buenas.
    c. Así, así.

13. Buenas tardes.
    Good evening.

    a. Muy bien.
    b. Me alegro.
    c. Hola, ¿qué tal?

14. Hasta mañana, Maria.
    See you tomorrow, Maria.

    a. Nos vemos.
    b. ¿Qué tal?
    c. Regular.

15. ¿Qué pasa?
    What's up?

    a. No muy bien.
    b. Vale.
    c. Cuídese.

16. Nos vemos mañana.
    See you tomorrow.

    a. Hasta mañana.
    b. ¿Qué tal?
    c. Hola.

3.3 APPLYING VOCAB

17. Que te vaya bien.
    I wish you well.

    a. Más o menos.
    b. Hola.
    c. Que tengas un buen día.

18. Cuídese, profesora.
    Take care, professor.

    a. Cuídate.
    b. Buenas.
    c. ¿Qué pasa?

19. Hasta mañana, Juan.
    See you tomorrow, Juan.

    a. Chao.
    b. ¿Cómo estás?
    c. No muy bien.

20. Bueno, me tengo que ir.
    Well, I have to go.

    a. Hola.
    b. Hasta luego.
    c. Bien, gracias.

 3.4 APPLYING PATTERNS

Rearrange the following jumbled sentences.

1. tengas | día | buen | que | un

2. gusto | verlo | qué

3. vaya | que | bien | te

4. ¿ | te | cómo | va | ?

5. irme | que | tengo

6. alegro | verte | me | de

7. tengo | me | ir | que

8. estás | ¿ | cómo | ? | buenas | , |

3.5 APPLYING VOCAB

Translate the following.

Hello	
Good night	
Very well	
As usual	
See you later	
Till / see you tomorrow	
Take care (informal)	
Not very well	
Good morning	
Take care (formal)	
	Buenas
	Buenas tardes
	¿Cómo estás?
	¿Qué tal?
	¿Qué pasa?
	Así, así / más o menos
	Nos vemos
	¡Adiós!
	Chao
	Que tengas un buen día

PROGRESS CHECK

How many words do you remember?
List them down below!

More of a doodle person?
The space is all yours!

04

Asking Questions

PICKING UP VOCAB

Provided are sample sentences for some of the most common Spanish question words. Highlight the question words along with their English translations.

¿Qué hora es? *What time is it?*
¿Qué es un perro? *What is a dog?*
¿Qué sabor de helado prefieres? *What ice cream flavor do you prefer?*

¿Quién es esa persona? *Who is that person?*
¿Quién es Picasso? *Who is Picasso?*
¿Quién es tu actor favorito? *Who is your favorite actor?*

¿Cuándo vamos al parque? *When do we go to the park?*
¿Cuándo vienes a mi casa? *When do you come to my house?*
¿Cuándo viene tu hermana? *When does your sister come?*

¿De dónde eres? *Where are you from?*
¿Dónde vives? *Where do you live?*
¿De dónde es tu padre? *Where is your father from?*

¿Cuál es tu color favorito? *Which is your favorite color?*
¿Cuáles son los colores de la bandera española? *Which/What are the colors of the Spanish flag?*
¿Cuál es tu comida preferida? *Which/What is your favorite food?*

NOTE

PICKING UP VOCAB

¿Por qué aprendes español? *Why do you learn Spanish?*
¿Por qué vas a Madrid? *Why are you going to Madrid?*
¿Por qué llegas tarde? *Why are you late?*

¿Cómo te llamas? *What's your name? (lit: How do you call yourself?)*
¿Cómo se llama tu padre? *What's your father's name? (lit: How is your father called?)*
¿Cómo os llamáis? *What are your names? (lit: How do you guys call yourselves?)*

¿Cuántos años tienes? *How old are you? (lit: How many years do you have?)*
¿Cuántos años tiene tu padre? *How old is your father? (lit: How many years does your father have?)*
¿Cuánto mides? *How tall are you? (lit: How much do you measure?)*

¿Cuántas veces vas al gimnasio? *How many times do you go to the gym?*
¿Cuánta comida hay en el supermercado? *How much food is there in the supermarket?*
¿Cuántas blusas tienes? *How many blouses do you have?*

NOTE

4.1 ORGANIZING VOCAB

Name the Spanish question words.

what - - - - - -
who - - - - - -
when - - - - - -
where - - - - - -
which - - - - - -
which ones - - - - - -
why - - - - - -
how - - - - - -
how much / many - - - - - -
how much / many - - - - - -
how much / many - - - - - -
how much / many - - - - - -

¿Por qué? vs Porque

¿Por qué te gusta? Why do you like it?
Porque me gusta. Because I like it.

4.2 APPLYING VOCAB

Choose the most fitting question word for each given sentence.

1. ¿____ hay en una clase? *What's in a class? (lit: What is there in a class?)*
   a. Cuándo
   b. Qué
   c. Dónde

2. ¿____ es tu actriz preferida? *Who is your favorite actress?*
   a. Quién
   b. Cuánta
   c. Cuántos

3. ¿____ es invierno? *When is winter?*
   a. Quién
   b. Dónde
   c. Cuándo

4. ¿De ____ es Antonio? *Where is Antonio from?*
   a. qué
   b. dónde
   c. cómo

5. ¿____ color es más oscuro? *Which color is darker?*
   a. Cuál
   b. Cómo
   c. Dónde

6. ¿____ tomas medicamentos? *Why do you take medicine?*
   a. Cuánta
   b. Cuántos
   c. Por qué

7. ¿____ prefieres ir al trabajo? *How do you prefer to go to work?*
   a. Cuándo
   b. Qué
   c. Cómo

8. ¿____ pesas? *How much do you weigh?*
   a. Cuánto
   b. Dónde
   c. Quién

4.2 APPLYING VOCAB

9. ¿____ harina usas para la tarta? *How much flour do you use for the cake?*

   a. Cuánta
   b. Dónde
   c. Cómo

10. ¿____ es tu cumpleaños? *When is your birthday?*

    a. Qué
    b. Cuándo
    c. Cuánta

11. ¿____ zapatillas de deporte tienes? *How many sports shoes do you have?*

    a. Cuántas
    b. Por qué
    c. Cuáles

12. ¿____ dinero traes? *How much money do you bring?*

    a. Cuánto
    b. Qué
    c. Quién

13. ¿____ te gusta el café? *How do you like coffee?*

    a. Por qué
    b. Cómo
    c. Cuánta

14. ¿____ no vienes a la fiesta? *Why don't you come to the party?*

    a. Cómo
    b. Por qué
    c. Qué

15. ¿____ es tu marca de coche preferida? *Which is your favorite car brand?*

    a. Cuánto
    b. Dónde
    c. Cuál

16. ¿____ trabajas? *Where do you work?*

    a. Dónde
    b. Cómo
    c. Quién

4.2 APPLYING VOCAB

17. ¿ ____ estás en tu oficina?
    When are you in your office?

    a. Cuántos
    b. Cuándo
    c. Por qué

18. ¿Con ____ vienes a la fiesta?
    With whom are you coming to the party?

    a. quién
    b. cómo
    c. cuáles

19. ¿ ____ hay en una cocina?
    What's in a kitchen? (lit: What is there in a kitchen?)
    a. Qué
    b. Dónde
    c. Cuál

20. ¿De ____ es este bolso?
    Whose bag is this?

    a. cuánta
    b. dónde
    c. quién

4.3 APPLYING VOCAB

Fill in the blanks with the corresponding question words based on the English translations.

reference chart

what	----------	why	----------
who	----------	how	----------
when	----------	how much / how many	----------
where	----------		----------
which	----------		----------
which ones	----------		----------

1. ¿_ _ _ _ _ día es hoy? *What day is today?*

2. ¿_ _ _ _ _ es tu padre? *What is your father's job? (lit: What is your father?)*

3. ¿Con _ _ _ _ _ está el jefe? *With whom is the boss?*

4. ¿A _ _ _ _ _ vamos a ver? *Who are we going to see?*

5. ¿Desde _ _ _ _ _ vives aquí? *Since when do you live here?*

4.3 APPLYING VOCAB

leche

verano

6. ¿Hasta _ _ _ _ _ te quedas en este hotel? *Till when do you stay in this hotel?*

7. ¿ _ _ _ _ _ _ está tu padre? *Where is your father?*

8. ¿ _ _ _ _ _ _ está tu hijo? *Where is your son?*

9. ¿ _ _ _ _ _ _ son los meses de verano? *Which are the summer months?*

10. ¿ _ _ _ _ _ _ guardas la leche? *Where do you keep the milk?*

4.4 APPLYING VOCAB

Fill in the blanks with the corresponding question words based on the English translations.

reference chart

what	----------	why	----------
who	----------	how	----------
when	----------	how much /	----------
where	----------	how many	----------
which	----------		----------
which ones	----------		----------

1. ¿ _ _ _ _ _ es tu número de teléfono? *What is your telephone number?*

2. ¿ _ _ _ _ _ viene tu padre? *Why is your father coming?*

3. ¿ _ _ _ _ _ no quieres ir al parque? *Why don't you want to go to the park?*

4. ¿ _ _ _ _ _ está tu abuela? *How is your grandma?*

5. ¿ _ _ _ _ _ se hace la paella? *How is paella made?*

4.4 APPLYING VOCAB

6. ¿_ _ _ _ _ platos hay en la mesa? *How many plates are there on the table?*

7. ¿_ _ _ _ _ tardas en llegar? *How long does it take to arrive?*

8. ¿_ _ _ _ _ nieve hay en la montaña? *How much snow is there on the mountain?*

9. ¿_ _ _ _ _ arena hay en el desierto? *How much sand is there in the desert?*

10. ¿A _ _ _ _ _ vas de vacaciones? *Where do you go on vacation?*

4.5 APPLYING VOCAB

Fill in the blanks with the corresponding question words based on the English translations.

1. ¿_ _ _ _ _ coche tienes? *What car do you have?*

2. ¿A _ _ _ _ _ te dedicas? *What do you do for a living? (lit: What do you dedicate yourself to?)*

3. ¿_ _ _ _ _ son los Reyes Magos? *Who are the Three Wise Men?*

4. ¿A _ _ _ _ _ llamas por teléfono? *Who do you call on the phone?*

5. ¿_ _ _ _ _ vas a dormir? *When are you going to sleep?*

6. ¿_ _ _ _ _ es el nombre de tu madre? *What is your mother's name?*

7. ¿A _ _ _ _ _ número llamas? *Which / What number do you call?*

8. ¿_ _ _ _ _ vamos a terminar? *When are we going to finish?*

9. ¿_ _ _ _ _ comemos? *Where do we eat?*

10. ¿Para _ _ _ _ _ compras el regalo? *Who do you buy the gift for?*

4.6 APPLYING VOCAB

Fill in the blanks with the corresponding question words based on the English translations.

1. ¿ _ _ _ _ _ dormimos? *Where do we sleep?*

2. ¿ _ _ _ _ _ estás cansado? *Why are you tired?*

3. ¿ _ _ _ _ _ vas al médico? *Why do you go to the doctor?*

4. ¿ _ _ _ _ _ es tu casa? *What's your house like? (lit: How is your house?)*

5. ¿ _ _ _ _ _ es tu mascota? *What's your pet like? (lit: How is your pet?)*

6. ¿ _ _ _ _ _ cuesta este coche? *How much does this car cost?*

7. ¿ _ _ _ _ _ vale esta chaqueta? *How much is this jacket worth?*

8. ¿ _ _ _ _ _ ropa vende esa tienda? *How many clothes does that store sell?*

9. ¿ _ _ _ _ _ manzanas comes en una semana? *How many apples do you eat in a week?*

10. ¿ _ _ _ _ _ significa esta palabra? *What does this word mean?*

4.7 APPLYING VOCAB

Fill in the blanks with the corresponding question words based on the English translations.

1. ¿_ _ _ _ _ haces los domingos? *What do you do on Sundays?*

2. ¿_ _ _ _ _ color te gusta más? *What color do you like the most?*

3. ¿A _ _ _ _ _ vas a visitar el domingo? *Who are you going to visit on Sunday?*

4. ¿_ _ _ _ _ vas al gimnasio? *When do you go to the gym?*

5. ¿_ _ _ _ _ juega este equipo el partido? *When does this team play in the match?*

6. ¿_ _ _ _ _ nos duchamos? *Where do we shower?*

7. ¿_ _ _ _ _ son los días de la semana? *What are the days of the week?*

8. ¿Con _ _ _ _ _ bolígrafo escribes? *Which pen do you write with?*

9. ¿_ _ _ _ _ son los colores del arco iris? *What are the colors of the rainbow?*

10. ¿_ _ _ _ _ no bebes té? *Why don't you drink tea?*

4.8 APPLYING VOCAB

Fill in the blanks with the corresponding question words based on the English translations.

1. ¿ _ _ _ _ _ prefieres pagar con tarjeta? *Why do you prefer to pay with card?*

2. ¿ _ _ _ _ _ te pones ese traje? *Why do you put on that suit?*

3. ¿ _ _ _ _ _ es tu hermano? *What is your brother like? (lit: How is your brother?)*

4. ¿ _ _ _ _ _ pagamos la factura? *How do we pay the bill?*

5. ¿ _ _ _ _ _ comemos los espaguetis? *How do we eat spaghetti?*

6. ¿ _ _ _ _ _ tiempo tienes? *How much time do you have?*

7. ¿ _ _ _ _ _ libros hay en la biblioteca? *How many books are there in the library?*

8. ¿ _ _ _ _ _ tengo que pagar? *How much do I have to pay?*

9. ¿ _ _ _ _ _ sillas hay? *How many chairs are there?*

10. ¿ _ _ _ _ _ lámparas hay en la habitación? *How many lamps are there in the room?*

PROGRESS CHECK

How many words do you remember?
List them down below!

05

Manners

PICKING UP VOCAB

Provided are six conversations that make use of Spanish terms and phrases related to manners and etiquette. Highlight those you find relevant and note them down at the bottom section.

En la farmacia

María: Señor, por favor, ¿me puede ayudar? No encuentro esta marca de pasta de dientes.

Dependiente: Sí, sígame y le indico dónde la puede encontrar.

María: Muchas gracias. Me gusta mucho esta marca porque tiene un sabor muy agradable.

Dependiente: Esa marca se vende mucho. También tiene buen precio.

María: Disculpe. ¿Me puede recomendar un cepillo de dientes?

Dependiente: Sí. Aquí tiene. Este es suave, para limpiar los dientes sin dañarlos.

María: Muchas gracias. Es muy amable. También quiero esta medicina. ¿La tiene?

Dependiente: No, ahora no la tenemos. Pero la podemos pedir para esta tarde.

María: Se lo agradezco. Pídala y vuelvo esta tarde a buscarla.

Dependiente: De acuerdo. Ahora llamo al almacén para pedirla.

María: Muchas gracias. Nos vemos esta tarde.

NOTE

PICKING UP VOCAB

At the pharmacy

María: Sir, please, can you help me? I can't find this brand of toothpaste.

Clerk: Yes, follow me and I'll tell you where you can find it.

María: Thank you very much. I really like this brand because it has a very nice flavor.

Clerk: This brand sells a lot. It also has a good price.

María: Excuse me, can you recommend me a toothbrush?

Clerk: Yes. Here you go. This is soft, to clean the teeth without damaging them.

María: Thank you very much. You are very kind. I also want this medicine. Do you have it?

Clerk: No, we do not have it now. But we can request it for this afternoon.

María: I appreciate it. Please order it and I'll be back this afternoon to pick it up.

Clerk: Okay. I'll call the warehouse now to order it.

María: Thank you very much. See you this afternoon.

NOTE

PICKING UP VOCAB

En el hospital

María: Disculpe, ¿podría decirme en qué planta está este médico?

Asistente: Sí, el traumatólogo está en la planta quinta.

María: Gracias. ¿Dónde está el ascensor? No puedo subir las escaleras.

Asistente: Está al fondo del pasillo. Es un ascensor grande.

María: Muy bien, voy al ascensor.

Médico: Buenos días, doña María. ¿Qué tal está la pierna?

María: No me duele nada. Yo creo que ya está bien.

Médico: Entonces, vamos a quitar ya todo. Así, puede caminar normal. Pero despacio.

María: No se preocupe, voy con cuidado.

Médico: Nos vemos dentro de una semana para hacer una revisión.

María: De acuerdo. ¿Me da cita la secretaria?

Médico: Sí, pida hora en el mostrador, por favor.

NOTE

PICKING UP VOCAB

At the hospital

María: Excuse me, could you tell me what floor this doctor is on?

PICKING UP VOCAB

En la tienda de ropa

Dependienta: Buenas tardes. ¿En qué puede ayudarle?
María: Buenas tardes. Quería un traje para ir a una boda.
Dependienta: Muy bien. ¿Qué tipo de traje quiere? ¿Clásico o moderno?
María: Me gusta moderno, pero no demasiado.
Dependienta: ¿Qué color le gusta?
María: Blanco no, porque es para una boda. Pero me gusta un color suave.
Dependienta: De acuerdo. Voy a buscar algunos en el fondo de la tienda. Puede venir conmigo.
María: Muy bien. Así veo todos los modelos y colores que tienen.
Dependienta: Este modelo es exclusivo de nuestra tienda y solo tenemos 10 piezas.
María: Vale, me gusta. Voy a probarlo. ¿Dónde están los probadores?
Dependienta: Están al fondo a la derecha. Puede llevar varias tallas.
María: Sí, me llevo estas dos.
Dependienta: ¿Le queda bien?
María: Sí, me llevo este.
Dependienta: Perfecto. Aquí tiene.

NOTE

PICKING UP VOCAB

In the clothing store

Clerk: Good afternoon. How may I help you?
María: Good afternoon. I wanted a suit to go to a wedding.
Clerk: Very well. What kind of suit would you like? Classic or modern?
María: I like modern, but not too much.
Clerk: What color do you like?
María: Not white, because it is for a wedding. But I would like a soft color.
Clerk: Okay. I'm going to look for some in the back of the store. You can come with me.
María: Very well. This way, I will see all the models and colors you have.
Clerk: This model is exclusive to our store and we only have 10 pieces.
María: Okay, I like it. I am going to try it on. Where are the fitting rooms?
Clerk: They are at the end of the hall on the right. You can take several sizes.
María: Yes, I'll take these two.
Clerk: Does it fit you?
María: Yes, I'll take this one.
Clerk: Perfect. Here you go.

NOTE

PICKING UP VOCAB

En el restaurante

María: Camarero, por favor. ¿Me puede traer la carta?

Camarero: Sí, con gusto. Aquí tiene. (10 minutos más tarde). ¿Ya saben lo que van a pedir?

María: Sí, yo voy a pedir pescado con ensalada. ¿Y tú?

José: Yo voy a pedir carne con patatas fritas.

Camarero: Perfecto. Aquí tienen la bebida y una tapa de tortilla española.

José: Gracias.

Camarero: Aquí tienen su comida. Si quieren algo más, no duden en pedírmelo. ¡Buen provecho!

María: De acuerdo.

Camarero: ¿Ya han terminado? ¿Puedo recoger los platos?

María: Sí, por favor.

Camarero: ¿Desean postre o café?

José: Yo, un café solo.

María: Yo, un café con leche.

Camarero: Aquí tienen, ¿traigo ya la cuenta?

José: Sí, por favor.

Camarero: ¿Pagan en efectivo o con tarjeta?

José: En efectivo.

Camarero: Aquí tienen el recibo y la vuelta. Les deseo un buen día.

NOTE

PICKING UP VOCAB

At the restaurant

María: Waiter, please, can you bring me the menu?
Waiter: Yes, it will be a pleasure. Here you go. (10 minutes later). Do you already know what you want to order?
María: Yes, I am going to have fish with salad. And you?
José: I am going to have a steak with French fries.
Waiter: Perfect. Here you have the drinks and a Spanish omelet tapa.
José: Thank you.
Waiter: Here's your food. If you want anything else, don't hesitate to ask me. Enjoy!
María: Alright.
Waiter: Are you finished yet? Can I take your plates?
María: Yes, please.
Waiter: Would you like dessert or coffee?
José: I'll have a black coffee.
María: I'll have a latte.
Waiter: Here you are. Should I bring the bill?
José: Yes, please.
Waiter: Are you paying in cash or by card?
José: Cash.
Waiter: Here are the receipt and the change. I wish you a nice day.

NOTE

PICKING UP VOCAB

En la estación de tren

María: Buenos días. Quería un billete para Barcelona.
Dependiente: ¿Para qué día? ¿Para hoy?
María: Sí, para hoy, por favor.
Dependiente: ¿Solo ida o ida y vuelta?
María: Solo ida.
Dependiente: Hay un tren a las 15:00 y otro a las 20:00. ¿Cuál quiere?
María: Prefiero irme a las 15:00, así llego por la tarde.
Dependiente: ¿Quiere un asiento en turista o en primera clase?
María: Deme un billete en primera clase. Quiero ir tranquila.
Dependiente: Tiene una comida con bebida gratis. También tiene un kit de viaje.
María: Perfecto. ¿Cuánto cuesta?
Dependiente: Son 125€. ¿Paga en efectivo o con tarjeta?
María: Con la tarjeta de la empresa, es un viaje de negocios.
Dependiente: De acuerdo. Si me da su número de teléfono móvil le mando la factura.
María: Sí, por favor. Mi número es 638 501976.
Dependiente: Pues ya está todo. ¡Buen viaje!

NOTE

PICKING UP VOCAB

At the train station

María: Good morning. I would like a ticket to Barcelona.

Clerk: For what day? For today?

María: Yes, for today, please.

Clerk: Just one way or round trip?

María: Just one way.

Clerk: There is a train at 3 p.m. and another one at 8 p.m. Which one do you want?

María: I prefer to go at 3 p.m., this way I'll arrive in the afternoon.

Clerk: Would you like a seat in the tourist or first class?

María: Give me a first class ticket. I want to travel calmly.

Clerk: You have a meal with a complimentary drink. You also have a traveling kit.

María: Perfect. How much is it?

Clerk: It is 125€. Are you paying in cash or by card?

María: With the company card, it's a business trip.

Clerk: Okay. If you give me your mobile phone number, I'll send you the invoice.

María: Yes, please. My number is 638 501976.

Clerk: Well, it's all set. Have a good trip!

NOTE

PICKING UP VOCAB

En el hotel

María: Buenas noches. Tengo una reserva a nombre de María Rodríguez.
Recepcionista: Buenas noches. ¿Me deja su documentación?
María: Sí, aquí tiene.
Recepcionista: Aquí la tengo, María Rodríguez Pérez. Una reserva para el fin de semana, ¿verdad?
María: Sí, sábado y domingo. ¿Tiene vistas a la piscina?
Recepcionista: No. Pero, puedo cambiarla.
María: Se lo agradezco.
Recepcionista: ¿Quiere el desayuno incluido?
María: Sí, por favor. Me encantan los desayunos del hotel.
Recepcionista: Perfecto, ya lo tiene incluido. Tiene que pagar con antelación. ¿En efectivo o con tarjeta?
María: Con tarjeta. Tome.
Recepcionista: Gracias. Por favor, ¿puede introducir el PIN?
María: Ya está. ¿Me da el recibo? Gracias.
Recepcionista: Si necesita cualquier cosa, estamos aquí a su disposición. Buen fin de semana.

NOTE

PICKING UP VOCAB

At the hotel

María: Good evening. I have a reservation under the name María Rodríguez.

Receptionist: Good evening. May I have your ID?

María: Yes, here you are.

Receptionist: I have it here, María Rodríguez Pérez. A reservation for the weekend, right?

María: Yes, Saturday and Sunday. Does it have pool view?

Receptionist: No. But I can change it.

María: I'd appreciate it.

Receptionist: Do you want the breakfast included?

María: Yes, please. I love hotel breakfasts.

Receptionist: Perfect, you have it included already. You have to pay in advance. Cash or card?

María: By card. Here you go.

Receptionist: Thank you. Please, could you enter the PIN?

María: Ready. Can you give me the invoice? Thank you.

Receptionist: If you need anything, we are here at your disposal. Have a good weekend.

NOTE

ORGANIZING VOCAB

Provide the English equivalents based on the conversations.

señor(a)	
señorito	sir
señorita	madam / miss
don, doña	Mr., Mrs.
muchas gracias	
de nada	you're welcome
no hay de qué	you're welcome
por favor	
perdón	sorry / excuse me
con permiso	excuse me
lo siento	sorry
disculpe(a) / discúlpame	
buen provecho	
quisiera	(I) would like
¿Podría(s)...?	

5.1 APPLYING VOCAB

Choose the most relevant term or phrase.

1. A: Perdona, Carmen. ¿Me puedes decir la hora?
   Excuse me, Carmen. Can you tell me the time?
   B: Sí, son las cinco.
   Yes, it is five.
   A: _____ .

   a. Gracias
   b. De nada
   c. Disculpe

2. A: Mamá, pásame la sal, _____ .
   Mom, pass me the salt, _____ .
   B: Sí, toma.
   Yes, here you have it.
   A: Gracias.
   Thank you.

   a. por favor
   b. no hay de qué
   c. quisiera

3. A: Papá, ¿me puedes ayudar con la tarea?
   Dad, can you help me with homework?
   B: Sí. En una hora ya estoy libre y te ayudo.
   Yes. I will be free in an hour and I will help you.
   A: De acuerdo. _____ .
   Okay. _____ .

   a. Señorita
   b. Gracias
   c. Con permiso

5.1 APPLYING VOCAB

4. A: ¿Me puedes ayudar este fin de semana con la mudanza?
   Can you help me move this weekend?
   B: Claro. Encantado de ayudarte.
   Sure. I am happy to help you.
   A: _____ . Ya te llamo.
   _____ . *I'll call you.*

   a. Muchas gracias
   b. Perdón
   c. De nada

5. A: ¿Puedo ir contigo al centro comercial, _____ ?
   Can I go with you to the mall, _____ ?
   B: Claro. Vamos.
   Sure. Let's go.

   a. lo siento
   b. no hay de qué
   c. por favor

6. A: Lo siento. No puedo alcanzar la servilleta. ¿Me puede pasar una?
   I am sorry. I can't reach the napkins. Can you pass me one?
   B: Con gusto. Tenga, le doy dos.
   With pleasure. Here, I give you two.
   A: _____ .

   a. De nada
   b. No hay de qué
   c. Muchas gracias

5.1 APPLYING VOCAB

7. A: _____ , ¿puede abrir la ventana? Es que tengo muchísimo calor.
   _____ , *can you open the window? I am very hot.*
   B: Por supuesto.
   Of course.
   A: Muy agradecida.
   I am very grateful.

   a. Disculpe
   b. Buen provecho
   c. Gracias

8. A: ¿Tienes un lápiz extra?
   Do you have an extra pencil?
   B: Sí, claro. Aquí tienes.
   Yes, of course. Here you go.
   A: _____ .

   a. Por favor
   b. Gracias
   c. De nada

9. A: Buenas. ¿Me puede decir dónde está este asiento?
   Hello. Can you tell me where this seat is?
   B: Déjeme ver su billete. Está al fondo a la derecha.
   Let me see your ticket. It is at the back on the right.
   A: _____ .

   a. Lo siento
   b. No hay de qué
   c. Muchas gracias

✓ 5.1 APPLYING VOCAB

10. A: Camarero, _____. ¿Me puede atender?
    Waiter, _____. Can you take my order?
    B: Sí, un momento. ¿Qué desea?
    Yes, one moment. What would you like?
    A: Quería un café con leche.
    I would like a latte (coffee with milk).
    B: Ahora mismo.
    Right away.
    A: Gracias.
    Thank you.

    a. muchas gracias
    b. por favor
    c. buen provecho

5.2 APPLYING VOCAB

Choose the most relevant term or phrase.

1. A: Buenos días. Quería arreglar mi ordenador.
   Good morning. I would like to fix my computer.
   B: Sí. ¿Qué tiene?
   Yes. What's going on?
   A: Pues va muy lento, no sé si tiene un virus.
   Well, it is very slow, I don't know if it has a virus.
   B: Lo miro ahora mismo.
   I'll look at it right now.
   A: _____ , entonces espero aquí.
   _____ , *I will wait here then.*

   a. De nada
   b. Gracias
   c. Perdón

2. A: Entrenador. ¿Me puedes decir si hago bien este ejercicio?
   Coach. Can you tell me if I am doing this exercise correctly?
   B: Vamos a ver. Tienes que doblar más las rodillas.
   Let's see. You have to bend your knees more.
   A: A ver. Pues sí, mucho mejor. _____ .
   Let's see. Well yes, much better. _____ .

   a. Por favor
   b. No hay de qué
   c. Gracias

5.2 APPLYING VOCAB

3. A: _____. ¿Puedo cerrar la puerta? Hace frío.
   _____. *Can I close the door? It's cold.*
   B: Sí, sin problema. Yo también tengo frío.
   Yes, no problem. I am cold, too.
   A: Perfecto. Gracias.
   Perfect. Thank you.

   a. Discúlpame
   b. Buen provecho
   c. Muchas gracias

4. A: Buenas tardes. Quería cambiar esta blusa por otra talla.
   Good afternoon. I would like to change this blouse for another size.
   B: Sí. ¿Qué talla quiere?
   Yes. What size do you want?
   A: Quiero la 38.
   I want 38.
   B: Aquí tiene.
   Here you go.
   A: _____.

   a. Por favor
   b. Muchas gracias
   c. Lo siento

5.2 APPLYING VOCAB

5. A: Buenas tardes, doctor. Tengo muchos mareos desde esta mañana.
   Good afternoon, doctor. I've had a lot of dizziness since this morning.
   B: Buenas tardes. Tome estas pastillas, una al día.
   Good afternoon. Take these pills, one per day.
   A: _____ .

   a. Gracias
   b. Por favor
   c. Lo siento

6. A: ¿Me ayudas?
   Can you help me?
   B: Por supuesto.
   Of course.
   A: _____ .

   a. No hay de qué
   b. Gracias
   c. Lo siento

7. A: _____ , llego tarde.
   _____ , *I'm late.*
   B: No pasa nada.
   Don't worry about it.

   a. Gracias
   b. De nada
   c. Lo siento

5.2 APPLYING VOCAB

8. A: Gracias por ayudarme, Elena.
   Thanks for helping me, Elena.
   B: _____, Mario.

   a. Disculpe
   b. Por favor
   c. De nada

9. A: Julio, vete ya a la cama, son las nueve de la noche.
   Julio, go to bed now, it's nine o'clock at night.
   B: Sí, papi, pero ¿me lees un cuento?
   Yes, daddy, but will you read me a story?
   A: Vale.
   Okay.
   B: _____ .

   a. Gracias
   b. De nada
   c. Lo siento

10. A: Policía, hay un ladrón en mi casa.
    Police, there is a thief in my house.
    B: Cierre la puerta con llave, ahora vamos.
    Lock the door, we are coming now.
    A: Gracias. Deprisa, _____ .
    Thank you. Hurry, _____.

    a. de nada
    b. con permiso
    c. por favor

PROGRESS CHECK

How many words do you remember?
List them down below!

5.3 APPLYING VOCAB

Fill in the blanks based on the given English text.

AT THE BUTCHER SHOP

María: Good morning. Do you have lamb meat?

Butcher: Yes. How much do you want?

María: Can you give me two kilos, please?

Butcher: Of course. There you go. Thank you.

María: Thanks to you.

EN LA CARNICERÍA

María: Buenos días. ¿Tiene carne de cordero?

Carnicero: Sí. ¿Cuánto quiere?

María: ¿Me puede poner dos kilos? _____ .

Carnicero: Claro que sí. Ahí tiene. _____ .

María: _____ a usted.

✓ 5.3 APPLYING VOCAB

AT THE FISH MARKET

María: Hello. Do you have sardines?

Fishmonger: Yeah, they just caught them this early morning.

María: How fresh! Give me a kilo, please.

Fishmonger: Of course. Would you like them cleaned?

María: Yes, please.

Fishmonger: Wait a minute. We are preparing them now.

María: Yes, I'll wait.

Fishmonger: Here, they are ready. Enjoy!

María: Thank you very much.

EN LA PESCADERÍA

María: Hola. ¿Tiene sardinas?

Pescadero: Sí, acaban de pescarlas esta madrugada.

María: ¡Qué frescas! Póngame un kilo, _____ .

Pescadero: Por supuesto. ¿Las quiere limpias?

María: Sí, _____ .

Pescadero: Espere un minuto. Ahora las preparamos.

María: Sí, yo espero.

Pescadero: Tenga, ya están listas. _____ .

María: _____ .

5.3 APPLYING VOCAB

AT THE FRUIT STORE

María: Excuse me, can you give me bags to pick the fruit?

Fruiterer: With pleasure. Here you have four bags.

María: Thank you, they should be enough.

Fruiterer: Now it is the season of oranges, they are very sweet.

María: Then, I will take five kilos. I appreciate the advice.

Fruiterer: This week you also have red apples at a good price.

María: I love them, I'll take three kilos. And I'll also take bananas and strawberries.

Fruiterer: I am here at your disposal. If you need anything else, let me know.

María: That's all. Thank you.

Fruiterer: You are welcome, that's what we are here for.

5.3 APPLYING VOCAB

EN LA FRUTERÍA

María: _____ , ¿me puede dar bolsas para coger fruta?

Frutero: Con gusto. Aquí tiene cuatro bolsas.

María: _____ , con esto tengo suficiente.

Frutero: Ahora es la época de las naranjas, están muy dulces.

María: Entonces, voy a coger cinco kilos. Le agradezco el consejo.

Frutero: Esta semana tiene también las manzanas rojas a buen precio.

María: Me encantan, me llevo tres kilos. Y también cojo plátanos y fresas.

Frutero: Estoy aquí a su disposición. Si necesita algo más, dígamelo.

María: Eso es todo. _____ .

Frutero: _____ , para eso estamos.

✓ 5.3 APPLYING VOCAB

AT THE GREENGROCER

María: Hello. Do you have tomatoes and lettuce for salad?

Greengrocer: Yes, there, on the right, you have all that and also onions.

María: Mmm. The tomatoes look so good! I also wanted potatoes. Where are they?

Greengrocer: They're on the left, in some big boxes. Can you see them?

María: Yes, I see them. I'm taking a five-kilo bag.

Greengrocer: Perfect. Is that all?

María: Yes, I have everything. Thank you.

EN LA VERDULERÍA

María: Buenas. ¿Tiene tomates y lechuga para ensalada?

Verdulero: Sí, ahí a la derecha tiene todo eso y también cebollas.

María: Mmm. ¡Qué buenos tomates! También quería patatas. ¿Dónde están?

Verdulero: Están a la izquierda, en unas cajas grandes. ¿Las puede ver?

María: Sí, ya las veo. Me llevo una bolsa de cinco kilos.

Verdulero: Perfecto. ¿Eso es todo?

María: Sí, ya lo tengo todo. _____ .

✓ 5.3 APPLYING VOCAB

AT THE CASHIER

María: Hello. Should I put the purchase on top of the conveyor belt?

Cashier: Yes, please.

María: How much is everything?

Cashier: It is 200 euros. Are you paying in cash or by card?

María: By card.

Cashier: Thanks, that's it. Here is the receipt. I wish you a happy day.

María: Same to you.

EN LA CAJA

María: Hola. ¿Pongo la compra encima de la cinta?

Cajera: Sí, _____ .

María: ¿Cuánto cuesta todo?

Cajera: Son 200 euros. ¿Paga en efectivo o con tarjeta?:

María: Con tarjeta.

Cajera: _____ , ya está. Tome el recibo. Le deseo un feliz día.

María: Igualmente.

✓ 5.4 APPLYING PATTERNS

Rearrange the following jumbled sentences.

1. ¿ | puede | ? | ayudar | me
   Can you help me?

2. ¿ | dónde está | decirme | la oficina? | Discúlpame, | podrías |
   Excuse me, could you tell me where the office is?

3. puedes | ayudar | ¿Me | la tarea? | con
   Can you help me with homework?

4. ayudarte | Encantado | de
   Happy to help you.

5. el banco | puedes | decir | ¿Me | dónde está | ?
   Can you tell me where the bank is?

6. ¿ | puede | atender | Me | ?
   Can you serve me?

7. por | Gracias | ayudarme
   Thanks for helping me.

✓ 5.4 APPLYING PATTERNS

8. trago | Quisiera | un
   I would like a drink.

9. ¿Me | ayudar | esto | con | ? | podrías
   Could you help me with this?

10. Gracias | venir | por
    Thanks for coming.

5.5 APPLYING VOCAB

Translate the following into English.

1. Señor, por favor, ¿me puede ayudar?

2. Buenas tardes. ¿En qué puede ayudarle?

3. Camarero, por favor. ¿Me puede traer la carta?

4. ¿Ustedes pagan en efectivo o con tarjeta?

5. Les deseo un buen día.

6. ¡Buen viaje!

7. ¿Me puedes ayudar con la tarea?

8. Encantado de ayudarte.

9. Quería un café con leche.

10. Gracias por ayudarme.

06

Introductions

PICKING UP VOCAB

Provided are six conversations on introducing oneself. Highlight the terms and phrases you personally find relevant and note them down at the bottom section.

Arturo: ¡Hola! Mi nombre es Arturo. ¿Cuál es tu nombre?

Ernesto: Hola, Arturo, encantado. Soy Ernesto.

Arturo: Mucho gusto, Ernesto. ¿De dónde eres?

Ernesto: Soy de Córdoba, en Argentina. ¿Tú de dónde eres?

Arturo: Yo también soy de Argentina, de Buenos Aires.

Ernesto: ¡Eso es genial! ¿Cuántos años tienes?

Arturo: Tengo 34 años, ¿Y tú?

Ernesto: Tengo 30. ¿Cuál es tu trabajo?

Arturo: Soy locutor en un programa de radio. ¿Tú qué haces?

Ernesto: Trabajo como chofer de taxi por la mañana, y por la tarde vendo zapatos. ¿Cuál es tu pasatiempo?

Arturo: Me gusta escribir historias y poemas. ¿Qué te gusta hacer a ti?

NOTE

PICKING UP VOCAB

Arturo: Hello! My name is Arturo. What is your name?

Ernesto: Hello, Arturo, pleased (to meet you). I am Ernesto.

Arturo: Nice to meet you, Ernest. Where are you from?

Ernesto: I am from Cordoba, in Argentina. Where are you from?

Arturo: I am also from Argentina, from Buenos Aires.

Ernesto: That's great! How old are you? (lit. How many years do you have?)

Arturo: I am 34, and you?

Ernesto: I am 30. What is your job?

Arturo: I am an announcer on a radio program. What do you do?

Ernesto: I work as a taxi driver in the morning, and in the afternoon I sell shoes. What is your hobby?

Arturo: I like to write stories and poems. What do you like to do?

NOTE

PICKING UP VOCAB

Ernesto: También disfruto de escribir y me gusta mucho leer, en especial libros de ciencia ficción.

Arturo: ¡Qué interesante! ¿Hablas otro idioma, además de español?

Ernesto: Sí, hablo portugués y francés. ¿Tú?

Arturo: Hablo inglés y un poco de francés, también.

Ernesto: Qué bien. Arturo, es un placer conocerte. ¡Hasta luego!

Arturo: Igualmente, Ernesto. ¡Adiós!

NOTE

PICKING UP VOCAB

Ernesto: I also enjoy writing and I really like reading, especially science fiction books.
Arturo: How interesting! Do you speak another language other than Spanish?
Ernesto: Yes, I speak Portuguese and French. You?
Arturo: I speak English and a bit of French, too.
Ernesto: That's good. Arturo, it is a pleasure to meet you. See you later!
Arturo: Likewise, Ernesto. Goodbye!

NOTE

PICKING UP VOCAB

María: ¡Hola! ¿Cuál es tu nombre?
Miguel: Hola, ¿Qué tal? Soy Miguel. ¿Tú cómo te llamas?
María: Es un placer conocerte, Miguel. Me llamo María, y esta es mi pequeña hermana.
Miguel: Encantado. ¿Cómo se llama?
María: Su nombre es Merlina. Tiene 3 años.
Miguel: ¿Cuántos años tienes tú, María?
María: Tengo 16. ¿Tú?
Miguel: Tengo 21 años. ¿De dónde eres?
María: Soy de Caracas, Venezuela. ¿De dónde eres tú?
Miguel: Soy de San Andrés, en Colombia. ¿Cuál es tu trabajo, María?
María: Yo no trabajo, solamente estudio en la escuela secundaria. ¿Qué haces tú?
Miguel: Soy mecánico en Bogotá, la ciudad capital.
María: ¡Genial! ¿Qué te gusta hacer en tu tiempo libre?
Miguel: Me gusta bailar y hacer karate. ¿A ti?
María: También me gusta bailar, y ver a mis amigas.
Miguel: ¡Qué interesante! María, es tarde. Debo volver a casa.
María: Por supuesto, ¡Hasta pronto, Miguel!
Miguel: ¡Hasta pronto!

NOTE

PICKING UP VOCAB

María: Hello! What is your name?
Miguel: Hello, how's it going? I am Miguel. What is your name?
María: It is a pleasure to meet you, Miguel. My name is Maria, and this is my little sister.
Miguel: Pleased (to meet you both). What is her name?
María: Her name is Merlina. She is 3 years old.
Miguel: How old are you, Maria?
María: I am 16. You?
Miguel: I am 21. Where are you from?
María: I am from Caracas, Venezuela. Where are you from?
Miguel: I am from San Andres, in Colombia. What is your job, Maria?
María: I don't work, I only study in high school. What do you do?
Miguel: I am a mechanic in Bogota, the capital city.
María: Great! What do you like to do in your free time?
Miguel: I like to dance and do karate. You?
María: I also like to dance, and see my friends.
Miguel: How interesting! Maria, it's late. I must go home.
María: Of course. See you soon, Miguel!
Miguel: See you soon!

NOTE

PICKING UP VOCAB

Manuel: ¡Hola! Soy Manuel. ¿Cuál es tu nombre?
José: Hola, Manuel. Mi nombre es José.
Manuel: Mucho gusto, José. ¿Eres de aquí?
José: No, soy de El Salvador. ¿De dónde eres tú?
Manuel: Oh, El Salvador es un país muy bonito. Soy de España, de Mayorga precisamente.
José: Mayorga es una ciudad increíble, también. ¿Cuántos años tienes, Manuel?
Manuel: Tengo 20 años. ¿Y tú?
José: Tengo 20, también. ¿Estudias en la ciudad?
Manuel: Sí, estudio en la Universidad de Barcelona. Y tú, ¿Qué haces?
José: Yo soy barman en el bar de mi padre, y en mi tiempo libre toco la guitarra en la banda de mi hermano.
Manuel: ¡Eso es genial!
José: Sí, lo disfruto mucho. ¿Qué haces tú en tu tiempo libre?
Manuel: Normalmente miro películas, o leo novelas, pero no tengo mucho tiempo libre.
José: Oh, lo lamento por eso. Manuel, es un gusto conocerte. Debo irme, mi padre me espera.
Manuel: ¡Adiós, José!
José: ¡Adiós!

NOTE

PICKING UP VOCAB

Manuel: Hello! I am Manuel. What is your name?
José: Hello, Manuel. My name is José.
Manuel: Nice to meet you, José. Are you from here?
José: No, I am from El Salvador. Where are you from?
Manuel: Oh, El Salvador is a very beautiful country. I am from Spain, from Mayorga to be precise.
José: Mayorga is an incredible city, too. How old are you, Manuel?
Manuel: I am 20. And you?
José: I am 20, too. Do you study in the city?
Manuel: Yes, I study at the University of Barcelona. And you, what do you do?
José: I am a bartender at my father's bar, and in my free time I play guitar in my brother's band.
Manuel: That's great!
José: Yes, I enjoy it very much. What do you do in your free time?
Manuel: Normally I watch movies, or read novels, but I don't have much free time.
José: Oh, I'm sorry about that. Manuel, it is nice to meet you. I must go, my father is waiting for me.
Manuel: Goodbye, José!
José: Goodbye!

NOTE

PICKING UP VOCAB

Sara: Buenos días, ¿Es usted el nuevo profesor de inglés?
Diego: Buenos días, así es. Mi nombre es Diego. ¿Cómo se llama?
Sara: Encantada de conocerle, Diego. Soy Sara, la directora.
Diego: Mucho gusto, Sara. ¿Es usted de aquí, de Madrid?
Sara: No, de Toledo. ¿De dónde es usted?
Diego: Conozco Toledo, es un bonito lugar para vivir. Yo soy de Cuenca, pero vivo aquí, en Madrid.
Sara: Cuenca es hermoso, también. Diego, parece un profesor joven. ¿Cuántos años tiene?
Diego: Muchas gracias, Sara, tengo 35 años. ¿Usted?
Sara: Pues sí es muy joven. Yo tengo 40 años, casi 41. ¿Habla otros idiomas, además de inglés?
Diego: Sí, hablo italiano, francés, y portugués. ¿Usted?
Sara: ¡Qué increíble! Yo solamente hablo un poco de francés.
Diego: El francés es un idioma muy lindo.
Sara: Así es, me gusta mucho. Diego, debo entrar a una reunión con los demás profesores. Un placer conocerle, bienvenido.
Diego: El placer es mío, Sara. Hasta luego.

NOTE

PICKING UP VOCAB

Sara: Good morning, are you the new English professor?
Diego: Good morning, that's right. My name is Diego. What is your name?
Sara: Pleased to meet you, Diego. I am Sara, the director.
Diego: Nice to meet you, Sara. Are you from here, from Madrid?
Sara: No, from Toledo. Where are you from?
Diego: I know Toledo, it is a nice place to live in. I am from Cuenca, but I live here, in Madrid.
Sara: Cuenca is beautiful, too. Diego, you look like a young professor. How old are you?
Diego: Thank you very much, Sara, I am 35. You?
Sara: Well you are very young. I am 40, almost 41. Do you speak other languages, other than English?
Diego: Yes, I speak Italian, French, and Portuguese. You?
Sara: How incredible! I only speak a little French.
Diego: French is a very beautiful language.
Sara: That's right, I like it very much. Diego, I have to go into a meeting with the other professors. It is a pleasure to meet you. Welcome.
Diego: The pleasure is mine, Sara. See you later.

NOTE

PICKING UP VOCAB

Gabriela: Hola, soy Gabriela.

Nerea: Hola, Gabriela, gusto en conocerte. Me llamo Nerea. ¿Cuántos años tienes?

Gabriela: Mucho gusto, Nerea. Tengo 40 años, ¿Y tú?

Nerea: Tengo 40, también. ¿De dónde eres?

Gabriela: Soy de aquí, de Tulum. ¿Tú?

Nerea: ¡También soy de Tulum! ¿Trabajas aquí?

Gabriela: Sí, trabajo en el hotel de la playa. ¿Cuál es tu trabajo?

Nerea: Trabajo en la playa, especialmente con los surfistas. Doy clases de surf, y soy guía en las excursiones.

Gabriela: ¡Oh, me encanta surfear! Es uno de mis pasatiempos favoritos.

Nerea: Eso es genial. ¿Tienes otros pasatiempos?

Gabriela: Sí, me gusta juntar caracolas en el mar, y leer el horóscopo. ¿Cuál es tu pasatiempo?

Nerea: Me gusta leer en la playa, y hacer yoga.

Gabriela: Yo hago yoga también, ¡Debemos hacerlo juntas!

Nerea: Eso sería excelente. Ahora debo irme, pero pronto nos vemos. ¡Adiós, Gabriela!

Gabriela: ¡Adiós, Nerea!

NOTE

PICKING UP VOCAB

Gabriela: Hello, I am Gabriela.
Nerea: Hello, Gabriela, pleasure to meet you. My name is Nerea. How old are you?
Gabriela: Nice to meet you, Nerea. I am 40. And you?
Nerea: I am 40, too. Where are you from?
Gabriela: I am from here, from Tulum. You?
Nerea: I am also from Tulum! Do you work here?
Gabriela: Yes, I work at the beach hotel. What is your job?
Nerea: I work at the beach, especially with the surfers. I give surfing classes, and I am a guide of excursions.
Gabriela: Oh, I love to surf! It is one of my favorite hobbies.
Nerea: That is great. Do you have other hobbies?
Gabriela: Yes, I like to collect seashells in the sea, and read the horoscope. What is your hobby?
Nerea: I like to read on the beach, and do yoga.
Gabriela: I do yoga, too. We should do it together!
Nerea: That would be excellent. I must go now, but see you soon. Goodbye, Gabriela!
Gabriela: Goodbye, Nerea!

NOTE

PICKING UP VOCAB

Marina: Hola, me llamo Marina. ¿Cómo te llamas?
Benicio: Hola, Marina, mucho gusto. Soy Benicio.
Marina: Gusto en conocerte, Benicio. ¿De dónde eres?
Benicio: Soy de España, ¿y tú?
Marina: De España, también. Más precisamente de Ibiza.
Benicio: ¿A qué te dedicas, Marina?
Marina: Soy escritora para la sección de moda de un periódico. ¿Cuál es tu trabajo?
Benicio: Soy gerente en una empresa de telecomunicaciones. ¿Tienes pasatiempos?
Marina: Sí, en mi tiempo libre me gusta ver videos de desfiles y leer revistas de moda. Es que se me hace difícil desconectarme de mi trabajo. ¿Qué hay de ti? ¿Cuál es tu pasatiempo?
Benicio: Me encanta escuchar música y cocinar. Mi plato especial es la paella. Y también me gusta practicar francés.
Marina: ¡Delicioso! Me gusta cocinar también. Y el francés es un idioma hermoso. Benicio, es un placer conversar contigo, pero debo trabajar.
Benicio: Por supuesto, Marina. Buena suerte con eso. ¡Buenas noches!
Marina: Gracias, buenas noches.

NOTE

PICKING UP VOCAB

Marina: Hello, my name is Marina. What is your name?
Benicio: Hello, Marina, nice to meet you. I am Benicio.
Marina: Nice to meet you, Benicio. Where are you from?
Benicio: I am from Spain, and you?
Marina: (I'm) from Spain, too. More precisely from Ibiza.
Benicio: What do you do for a living, Marina?
Marina: I am a writer for the fashion section of a newspaper. What is your job?
Benicio: I am a manager in a telecommunications company. Do you have hobbies?
Marina: Yes, in my free time I like to watch videos of fashion shows and read fashion magazines. It's just that it's hard for me to disconnect from my work. What about you? What is your hobby?
Benicio: I love listening to music and cooking. My special dish is paella. And I also like to practice French.
Marina: Delicious! I like to cook, too. And French is a beautiful language. Benecio, it is a pleasure talking to you, but I have to work.
Benicio: Of course, Marina. Good luck with that. Good night!
Marina: Thank you, good night.

NOTE

6.1 ORGANIZING VOCAB

Fill in the blanks in reference to the previous conversations.

	SPANISH	ENGLISH
NAME	¿Cómo te llamas?	_____
	¿Cuál es tu nombre?	_____
	¿Cómo se llama?	_____
	Me llamo...	_____
	Mi nombre es...	_____
	Se llama...	_____
	Soy...	_____
	Su nombre es	_____
AGE	¿Cuántos años tienes?	_____
	Tengo... años.	_____
PLACE OF ORIGIN	¿De dónde eres?	_____
	¿De dónde es usted?	_____
	Soy de...	_____
FIELD OF WORK	¿Cuál es tu trabajo?	_____
	¿Tú qué haces?	_____
	¿A qué te dedicas?	_____

6.1 ORGANIZING VOCAB

SPANISH	ENGLISH
HOBBIES AND INTERESTS	
¿Cuál es tu pasatiempo?	----------------------
¿Qué te gusta hacer en tu tiempo libre?	----------------------
¿Qué haces tú en tu tiempo libre?	----------------------
Me gusta…	----------------------
Me encanta…	----------------------
¿Qué te gusta hacer?	----------------------
¿Tienes otros pasatiempos?	----------------------
OTHER	
Encantado(a)	----------------------
Mucho gusto	----------------------
Es un placer conocerte	----------------------
Es un gusto conocerte	----------------------
Un placer conocerle	----------------------
El placer es mío	----------------------
Es un placer conversar contigo	----------------------
Igualmente	----------------------

6.2 APPLYING VOCAB

Choose the most relevant question for each given response.

1. ¡Hola! Soy Manuel. *Hello! I'm Manuel.*

   a. ¿Cómo estás?
   b. ¿De dónde eres?
   c. ¿Cómo te llamas?

2. Soy de Cuba. *I am from Cuba.*

   a. ¿De dónde eres?
   b. ¿Cuál es tu nombre?
   c. ¿Cuál es tu pasatiempo?

3. Tengo 21. *I am 21.*

   a. ¿Cuántos años tienes?
   b. ¿Qué te gusta hacer?
   c. ¿A qué te dedicas?

4. Enseño en la universidad. *I teach in the university.*

   a. ¿Cuántos años tienes?
   b. ¿De dónde es usted?
   c. ¿A qué te dedicas?

5. Soy de Venezuela. *I am from Venezuela.*

   a. ¿Cuál es tu nombre?
   b. ¿De dónde es usted?
   c. ¿Cuál es tu trabajo?

6. Me encanta bailar. *I love dancing.*

   a. ¿De dónde es usted?
   b. ¿Cuál es tu pasatiempo?
   c. ¿Cómo te llamas?

7. Su nombre es Carlos. *His name is Carlos.*

   a. ¿Cómo te llamas?
   b. ¿Tú qué haces?
   c. ¿Cómo se llama tu hermano?

8. No, soy de México. *No, I am from Mexico.*

   a. ¿De dónde eres?
   b. ¿Eres de aquí?
   c. ¿De dónde es usted?

6.2 APPLYING VOCAB

---

9. Soy arquitecto.
   I am an architect.

   a. ¿Cuál es tu trabajo?
   b. ¿Cómo te llamas?
   c. ¿Cuántos años tienes?

10. Soy de Panamá.
    I am from Panama.

    a. ¿Tú qué haces?
    b. ¿Cómo te llamas?
    c. ¿De dónde eres?

 SOME FUN LITERAL TRANSLATIONS:

¿Cuántos años tienes?	How many years do you have?
Tengo 20 años.	I have 20 years.
Me gusta ...	... pleases me.
Me encanta ...	... enchants me.

6.3 APPLYING VOCAB

Choose the best response for each question or statement.

1. ¿A qué te dedicas?

   a. Me llamo Abril.
   b. Soy de Colombia.
   c. Soy profesora.

2. ¿De dónde eres?

   a. Soy de Barcelona.
   b. Se llama Samantha.
   c. Encantada.

3. Mucho gusto.

   a. Me gusta escribir poemas.
   b. Igualmente.
   c. Soy artista.

4. ¿Cuántos años tienes?

   a. Tengo 45.
   b. El placer es mío.
   c. Me encanta cocinar.

5. ¿Cuál es tu trabajo?

   a. Soy doctora.
   b. Me llamo Pamela.
   c. Soy de Uruguay.

6. ¿Cómo te llamas?

   a. Encantado.
   b. Me gusta hacer ejercicio.
   c. Mi nombre es Nicolás.

7. ¿Tienes otros pasatiempos?

   a. Tengo 31 años.
   b. Me encanta viajar.
   c. Mucho gusto.

8. ¿De dónde es usted?

   a. Soy de Lima.
   b. Soy ingeniera.
   c. Tengo 24 años.

6.3 APPLYING VOCAB

9. Un placer conocerte.

   a. El placer es mío.
   b. Mi nombre es Maria.
   c. Soy de Chile.

10. ¿Cómo se llama?

    a. Igualmente.
    b. Me gusta jugar al fútbol.
    c. Su nombre es Ian.

 MORE FUN LITERAL TRANSLATIONS:

Mucho gusto.	Much pleasure.
Me gusta escribir poemas.	Writing poems pleases me.
Tengo 45.	I have 45.
Me encanta viajar.	Travelling enchants me.

6.4 APPLYING VOCAB

Cross out the odd one.

1. ¿Cuál es tu pasatiempo? | ¿Qué te gusta hacer? | ¿De dónde eres?

2. ¿De dónde es usted? | ¿Cómo se llama? | ¿Cuál es su nombre?

3. Mucho gusto. | Me gusta leer. | Encantado.

4. ¿Qué haces tú en tu tiempo libre? | ¿Cuál es tu trabajo? | ¿Qué te gusta hacer?

5. Se llama Daniela. | Igualmente. | El placer es mío.

6. Soy maestra. | Soy Fiona. | Soy cocinera.

7. Tengo 18. | Soy de Caracas. | Soy de Asunción.

8. ¿Qué te gusta hacer en tu tiempo libre? | Igualmente. | Me encanta correr.

9. Soy actor. | ¿A qué te dedicas? | ¿De dónde eres?

10. Me gusta escuchar música. | Me llamo Pablo. | Mi nombre es Enrique.

07

Personal Pronouns

I, YOU, WE, THEY, HE, SHE

PICKING UP VOCAB

Analyze the sample sentences for each personal pronoun and fill in the table accordingly.

Yo hablo español. *I speak Spanish.*
Yo no hablo chino. *I don´t speak Chinese.*

Tú eres mi mejor amigo. *You are my best friend.*
Tú no estás solo. *You are not alone.*

Usted es muy responsable. *You (formal) are very responsible.*
Usted no es un doctor. *You (formal) are not a doctor.*

Él es mi hermano. *He is my brother.*
Él no es de aquí. *He is not from here.*

Ella es de Madrid. *She is from Madrid.*
Ella es una estudiante. *She is a student.*

Nosotros no hablamos francés. *We don´t speak French.*
Nosotros comemos juntos. *We eat together.*
Nosotras no somos hermanas. *We (females) are not sisters.*
Nosotras somos amigas. *We (females) are friends.*

NOTE

PICKING UP VOCAB

Vosotros no sois estudiantes. *You (plural) are not students.*
Vosotros sois cantantes. *You (plural) are singers.*
Vosotras no sois hermanas. *You (plural, females) are not sisters.*
Vosotras sois amigas. *You (plural, females) are friends.*

Ustedes son los participantes. *You (plural) are the participants.*
Ustedes no son profesores. *You (plural) are not professors.*

Ellos son de Argentina. *They are from Argentina.*
Ellos son padres. *They are parents.*
Ellas no son hermanas. *They (females) are not sisters.*
Ellas son mejores amigas. *They (females) are best friends.*

NOTE

ORGANIZING VOCAB

yo - - - - - - -
tú - - - - - - -
usted - - - - - - -
él - - - - - - -
ella - - - - - - -
nosotros - - - - - - -
nosotras - - - - - - -
vosotros - - - - - - -
vosotras - - - - - - -
ellos - - - - - - -
ellas - - - - - - -
ustedes - - - - - - -

Ustedes vs *Vosotros*

***Ustedes* is used mostly in Latin America whereas *vosotros*, in Spain**

7.1 APPLYING VOCAB

Provide the Spanish personal pronoun based on the given English translation.

reference chart

yo	----------	nosotras	----------
tú	----------	vosotros	----------
usted	----------	vosotras	----------
él	----------	ellos	----------
ella	----------	ellas	----------
nosotros	----------	ustedes	----------

1. _____ no es de Chile. *She is not from Chile.*
2. _____ somos amigos. *We are friends.*
3. _____ tengo 21 años. *I am 21 years old.*
4. _____ es muy amable. *You (formal) are very nice.*
5. _____ son vecinos. *They are neighbors.*
6. _____ hablan español. *You (plural) speak Spanish.*
7. _____ eres el mejor. *You are the best.*
8. _____ no es el jefe. *He is not the boss.*
9. _____ sois hermanos. *You (plural) are brothers.*
10. _____ son de Cuba. *They (girls) are from Cuba.*

7.2 APPLYING VOCAB

Provide the Spanish personal pronoun based on the given English translation.

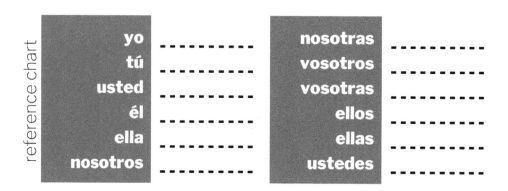

1. _____ soy de Paraguay. *I am from Paraguay.*
2. _____ no están aquí. *They (girls) are not here.*
3. _____ comen mucho. *You (plural) eat a lot.*
4. ¿Cómo estás _____? *How are you?*
5. _____ es estudiante. *He is a student.*
6. _____ toman té. *They drink tea.*
7. ¿_____ bebéis café? *Do you (plural) drink coffee?*
8. _____ es alta. *She is tall.*
9. _____ estás enfermo. *You are sick.*
10. _____ vivimos juntos. *We live together.*

7.3 APPLYING VOCAB

Provide the Spanish personal pronoun based on the given English translation.

1. _____ no toma café. *She doesn't drink coffee.*
2. _____ soy estudiante. *I am a student.*
3. _____ no somos hermanos. *We are not brothers.*
4. _____ son cantantes. *They (girls) are singers.*
5. ¿_____ hablan español? *Do you (plural) speak Spanish?*
6. _____ eres mi amiga. *You are my friend.*
7. ¿_____ es de México? *Are you (formal) from Mexico?*
8. _____ viven en Caracas. *They live in Caracas.*
9. _____ sois mis hijas. *You (plural) are my daughters.*
10. _____ es mi marido. *He is my husband.*

NOTE: Another informal way to say "you" in Spanish is *vos*.

7.4 APPLYING VOCAB

Provide the Spanish personal pronoun based on the given English translation.

1. _____ sois amables. *You (plural) are nice.*

2. _____ no son de Canadá. *They (girls) are not from Canada.*

3. _____ no son vecinos. *They are not neighbors.*

4. _____ soy escritora. *I am a writer.*

5. _____ habla muy bien el francés. *You (formal) speak French really well.*

6. _____ no vives aquí. *You don't live here.*

7. _____ estudiamos en la biblioteca. *We study in the library.*

8. _____ no habla inglés. *He doesn't speak English.*

9. _____ vive en Lima. *She lives in Lima.*

10. ¿_____ no tienen hambre? *Are you (plural) not hungry?*

Males *nosotros, vosotros, ellos*
Females *nosotras, vosotras, ellas*
Males and Females *nosotros, vosotros, ellos*

08

Food and Drinks

PICKING UP VOCAB

Read the Spanish word out loud as you color each illustration.

agua
water

queso
cheese

café
coffee

leche
milk

ensalada
salad

vino
wine

vino tinto
red wine

vino blanco
white wine

cerveza
beer

PICKING UP VOCAB

lima *lime*	**limón** *lemon*	**fruta** *fruit*

cebolla *onion*	**lechuga** *lettuce*	**pastel** *cake*

chocolate *chocolate*	**huevo** *egg*	**mantequilla** *butter*

PICKING UP VOCAB

sopa — *soup*

tomate — *tomato*

patata — *potato*

manzana — *apple*

zanahoria — *carrot*

naranja — *orange*
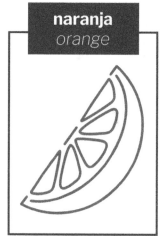

dulce — *sweet*

pollo — *chicken*

restaurante — *restaurant*

PICKING UP VOCAB

helado
ice cream

vainilla
vanilla

banana
banana

pan
bread

arroz
rice

sal
salt

azúcar
sugar

jugo
juice

té
tea

PICKING UP VOCAB

papas fritas
fries
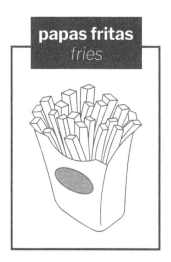

verdura
vegetable

pescado
fish

carne
meat

hamburguesa
hamburger

pizza
pizza

postre
dessert

sándwich
sandwich

desayuno
breakfast

PICKING UP VOCAB

almuerzo / lunch

cena / dinner

pez vs *pescado*

While *pez* is a living fish that is still in the water, *pescado* is a fish that has been caught and ready to be cooked or eaten.

8.1 APPLYING VOCAB

Translate the given words.

cerveza --------

vino --------

limón --------

chocolate --------

sándwich --------

desayuno --------

sal --------

cebolla --------

agua --------

té --------

leche --------

pescado --------

dulce --------

patata --------

jugo --------

café --------

lima --------

tomate --------

verdura --------

✓ 8.1 APPLYING VOCAB

pastel -------

arroz -------

queso -------

restaurante -------

pollo -------

ensalada -------

cena -------

lechuga -------

banana -------

manzana -------

huevo -------

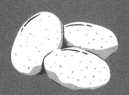

papa vs *papá*

papa   potato
papá   dad

8.2 APPLYING VOCAB

Cross out the odd one.

1. cerveza | vino | chocolate

2. dulce | chocolate | sándwich

3. vino tinto | naranja | manzana

4. cebolla | jugo | verdura

5. leche | té | pizza

6. lima | papas fritas | hamburguesa

7. carne | pescado | pastel

8. agua | banana | manzana

9. pollo | verdura | pescado

10. zanahoria | vainilla | chocolate

8.3 APPLYING VOCAB

Cross out the odd one.

1. azúcar | lechuga | dulce

2. huevo | cena | desayuno

3. mantequilla | leche | agua

4. sal | té | azúcar

5. pastel | dulce | tomate

6. cerveza | naranja | limón

7. lechuga | agua | cebolla

8. helado | zanahoria | verdura

9. ensalada | azúcar | lechuga

10. pan | pizza | naranja

09

Gender of Nouns

YES, YOU READ THAT RIGHT.
SPANISH NOUNS HAVE GENDER!

PICKING UP PATTERNS

Analyze and identify patterns of the given list of masculine and feminine nouns in Spanish.

masculine			feminine	
el huev<u>o</u>	the egg		**<u>la</u> ensalad<u>a</u>**	the salad
el poll<u>o</u>	the chicken		**<u>la</u> sop<u>a</u>**	the soup
el jug<u>o</u>	the juice		**<u>la</u> verdur<u>a</u>**	the vegetable
el pescad<u>o</u>	the fish		**<u>la</u> pizz<u>a</u>**	the pizza
el helad<u>o</u>	the ice cream		**<u>la</u> frut<u>a</u>**	the fruit

9.1 APPLYING PATTERNS

Guess the gender of the following nouns.

el queso --------- *(m)*
la patata ---------
el vino ---------
el desayuno ---------
la cerveza ---------
mantequilla ---------
almuerzo ---------
lechuga ---------
pepino ---------
cebolla ---------

PICKING UP PATTERNS

Recognize and take note of some of the most common nouns that do not follow a particular rule.

masculine
- **el té** — the tea
- **el restaurante** — the restaurant
- **el chocolate** — the chocolate
- **el café** — the coffee

feminine
- **la leche** — the milk
- **la carne** — the meat

9.2 APPLYING PATTERNS

Group the following words according to their gender.

fruta	ensalada	pescado
té	queso	sopa
huevo	pepino	cerveza
pizza	chocolate	pollo

masculine

--------- ---------   --------- ---------
--------- ---------   --------- ---------
--------- ---------   --------- ---------
--------- ---------   --------- ---------
--------- ---------   --------- ---------

feminine

✓ 9.3 APPLYING PATTERNS

Group the following words according to their gender.

verdura	helado	desayuno
mantequilla	patata	leche
vino	cebolla	carne
lechuga		almuerzo

masculine

- - - - - - - - - -   - - - - - - - - - -

- - - - - - - - - -   - - - - - - - - - -

- - - - - - - - - -   - - - - - - - - - -

- - - - - - - - - -   - - - - - - - - - -

- - - - - - - - - -   - - - - - - - - - -

feminine

- - - - - - - - - -   - - - - - - - - - -

- - - - - - - - - -   - - - - - - - - - -

- - - - - - - - - -   - - - - - - - - - -

- - - - - - - - - -   - - - - - - - - - -

- - - - - - - - - -   - - - - - - - - - -

10

Definite Articles

THE

PICKING UP PATTERNS

Analyze and recognize how the use of these definite articles in Spanish correlates to the noun gender.

masculine
- **el huevo** — the egg
- **el pollo** — the chicken
- **el jugo** — the juice
- **el pescado** — the fish
- **el helado** — the ice cream

feminine
- **la ensalada** — the salad
- **la sopa** — the soup
- **la verdura** — the vegetable
- **la pizza** — the pizza
- **la fruta** — the fruit

masculine
- **los huevos** — the eggs
- **los pollos** — the chickens
- **los jugos** — the juices
- **los pescados** — the fish (plural)
- **los helados** — the ice creams

feminine
- **las ensaladas** — the salads
- **las sopas** — the soups
- **las verduras** — the vegetables
- **las pizzas** — the pizzas
- **las frutas** — the fruits

Agua the rulebreaker

The noun *agua* (water) is masculine in its singular form but feminine in its plural form.

El agua
Las aguas

✓ 10.1 APPLYING PATTERNS

Fill in the blanks with the correct definite article.

1. _____ quesos *the cheeses*
2. _____ vino *the wine*
3. _____ desayunos *the breakfasts*
4. _____ almuerzos *the lunches*
5. _____ pepino *the cucumber*
6. _____ cervezas *the beers*
7. _____ mantequilla *the butter*
8. _____ lechugas *the lettuces*
9. _____ cebolla *the onion*
10. _____ patatas *the potatoes*

More Spanish Cognates

vegetales vegetables
melón melon
brócoli broccoli
salmón salmon
vinagre vinegar

11

Indefinite Articles

A, AN

PICKING UP PATTERNS

Analyze and recognize how the use of these indefinite articles in Spanish correlates to the noun gender.

masculine
- **un huevo** — an egg
- **un pollo** — a chicken
- **un jugo** — (a) juice
- **un pescado** — a fish
- **un helado** — an ice cream

feminine
- **una ensalada** — a salad
- **una sopa** — (a) soup
- **una verdura** — a vegetable
- **una pizza** — a pizza
- **una fruta** — a fruit

11.1 APPLYING PATTERNS

Fill in the blanks with the correct indefinite article.

1. _____ queso *a cheese*
2. _____ vino *(a) wine*
3. _____ desayuno *a breakfast*
4. _____ almuerzo *a lunch*
5. _____ pepino *a cucumber*
6. _____ cerveza *a beer*
7. _____ mantequilla *(a) butter*
8. _____ lechuga *a lettuce*
9. _____ cebolla *an onion*
10. _____ patata *a potato*

PICKING UP PATTERNS

Analyze and recognize how the use of these indefinite articles in Spanish correlates to the noun gender.

masculine
- **unos huevos** — some eggs
- **unos pollos** — some chickens
- **unos jugos** — some juices
- **unos pescados** — some fish
- **unos helados** — some ice creams

feminine
- **unas ensaladas** — some salads
- **unas sopas** — some soups
- **unas verduras** — some vegetables
- **unas pizzas** — some pizzas
- **unas frutas** — some fruits

11.2 APPLYING PATTERNS

Fill in the blanks with the correct indefinite article.

1. _____ quesos *some cheeses*
2. _____ vinos *some wines*
3. _____ desayunos *some breakfasts*
4. _____ almuerzos *some lunches*
5. _____ pepinos *some cucumbers*
6. _____ cervezas *some beers*
7. _____ pizzas *some pizzas*
8. _____ lechugas *some lettuces*
9. _____ cebollas *some onions*
10. _____ patatas *some potatoes*

11.3 ORGANIZING PATTERNS

Provide the Spanish definite and indefinite articles.

masculine			
singular		**plural**	
the / a / an	.... /	the / some	.... / ....

feminine			
singular		**plural**	
the / a / an	.... /	the / some	.... / ....

queso, lechuga, cebolla, huevo

✓ 11.4 APPLYING PATTERNS

Translate the following.

la sopa --------

el huevo --------

el agua --------

la carne --------

las frutas --------

los desayunos --------

las pizzas --------

las patatas --------

un helado --------

una ensalada --------

sopa

carne

helado

✓ 11.5 APPLYING PATTERNS

Translate the following.

unas sopas -------
unos huevos -------
las cebollas -------
una fruta -------
un almuerzo -------
las lechugas -------
una pizza -------
un pescado -------
el queso -------
la patata -------

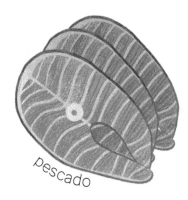
pescado

patata

12

Days of the Week

12.1 PICKING UP VOCAB

Fill in the blanks with Spanish and English days of the week based on the given calendar.

Valentina
Exchange Student in Spain

EL LUNES
MONDAY

language exchange conversation session

city tour

EL MARTES
TUESDAY

language exchange conversation session

Spanish class

tapas tour

EL MIÉRCOLES
WEDNESDAY

museums tour

Art History class

EL JUEVES
THURSDAY

hiking with the class

history sites visit

EL VIERNES
FRIDAY

Culinary class

weekly report submission

EL SÁBADO
SATURDAY

[off]

EL DOMINGO
SUNDAY

[off]

Valentina:

e.g. will be learning how to make paella (a Valencian dish) on *el viernes* (*Friday*).

1. is meeting up with her language partner on _____ (_____) and _____ (_____).

2. will be exploring some museum collections on _____ (_____).

3. will have the whole day to herself on _____ (_____) and _____ (_____).

4. will be touring round the city on _____ (_____).

5. has her Art History class on _____ (_____).

6. has to submit her weekly report on _____ (_____).

7. is going hiking on _____ (_____).

8. gets to try out different tapas on _____ (_____).

9. is visiting some historic sites on _____ (_____).

10. has her Spanish class on _____ (_____).

ORGANIZING VOCAB

Name the Spanish days of the week.

Sunday -------
Monday -------
Tuesday -------
Wednesday -------
Thursday -------
Friday -------
Saturday -------

NOTE:

Days of the week are not capitalized in Spanish.

Today is Sunday.
=
Hoy es el domingo. ✓
Hoy es el Domingo. X

PROGRESS CHECK

How many words do you remember?
List them down below!

They can be from any previous chapters!

12.2 APPLYING VOCAB

Fill in the blanks with Spanish and English days of the week based on the given calendar

Ivan
Spanish learner at a language academy

EL LUNES
spelling test

Academic Writing class

Public Speaking class

EL MARTES
poetry competition

Advanced Grammar class

EL MIÉRCOLES
debate tournament

Public Speaking class

Creative Writing Club meeting

EL JUEVES
Cultural Awareness class

accent training

Debate Club meeting

EL VIERNES
Academic Writing class

Public Speaking class

EL SÁBADO

[off]

EL DOMINGO

[off]

Ivan:

e.g. has his accent training on *el jueves* (*Thursday*).

1. has a spelling test _____ (_____).

2. has Academic Writing classes on_____ (_____) and _____ (_____).

3. needs to attend a meeting for the Creative Writing Club on _____ (_____).

4. has a debate tournament scheduled for _____ (_____).

5. trains on public speaking on _____ (_____), _____ (_____), and _____ (_____).

6. will be learning about the Spanish-speaking culture on _____ (_____).

7. has a poetry competition on _____ (_____).

8. will be learning about regional accents on _____ (_____).

9. has an Advanced Grammar class on_____ (_____).

10. has a meeting with his Debate Club members on _____ (_____).

12.3 APPLYING VOCAB

Fill in the calendar based on the given text.

Paco is a 9-year-old boy and his schedule outside of schoolwork is typically as follows.

Paco:

1. practices playing the drum on Monday, Wednesday, and Friday.

2. has his drum lesson on Saturday.

3. plays football with his friends on Monday.

4. plays badminton with his friends on Tuesday and Friday.

5. goes grocery shopping with his mom on Sunday.

6. plays football with his brothers and cousins on Saturday.

7. tutors his younger sister on Wednesday and Thursday.

8. goes on a picnic with his family on Sunday.

9. helps out at his dad's taco stand on Tuesday and Thursday.

10. visits his grandparents on Sunday.

Paco

EL LUNES
- - - - - - - - - -
- - - - - - - - - -
- - - - - - - - - -
- - - - - - - - - -

EL MARTES
- - - - - - - - - -
- - - - - - - - - -
- - - - - - - - - -
- - - - - - - - - -

EL MIÉRCOLES
- - - - - - - - - -
- - - - - - - - - -
- - - - - - - - - -
- - - - - - - - - -

EL JUEVES
- - - - - - - - - -
- - - - - - - - - -
- - - - - - - - - -
- - - - - - - - - -

EL VIERNES
- - - - - - - - - -
- - - - - - - - - -
- - - - - - - - - -
- - - - - - - - - -

EL SÁBADO
- - - - - - - - - -
- - - - - - - - - -
- - - - - - - - - -
- - - - - - - - - -

EL DOMINGO
- - - - - - - - - -
- - - - - - - - - -
- - - - - - - - - -
- - - - - - - - - -

13

Months of the Year

13.1 PICKING UP VOCAB

Guess and match the months of the year to their English equivalents.

mayo	**January**
enero	**February**
febrero	**March**
abril	**April**
julio	**May**
diciembre	**June**
agosto	**July**
junio	**August**
marzo	**September**
noviembre	**October**
octubre	**November**
septiembre	**December**

13.2 ORGANIZING VOCAB

Name the Spanish months of the year.

January - - - - - -
February - - - - - -
March - - - - - -
April - - - - - -
May - - - - - -
June - - - - - -
July - - - - - -
August - - - - - -
September - - - - - -
October - - - - - -
November - - - - - -
December - - - - - -

NOTE:

Like days of the week, months of the year are also not capitalized in Spanish.

13.3 APPLYING VOCAB

Rearrange the following jumbled words into the Spanish months of the year.

oniju --------

ereon --------

ilarb --------

ayom --------

trcboeu --------

dcrbemiie --------

amzro --------

eefrrbo --------

metrpeseib --------

uoijl --------

sotgao --------

vnermioeb --------

Four Seasons in Spanish

spring *la primavera*
summer *el verano*
autumn / fall *el otoño*
winter *el invierno*

✓ APPLYING VOCAB

Provide a short answer in Spanish for the following questions.

e.g. What month is your birthday? *agosto*

1. What month is it now?

2. What month is it next month?

3. What month was it last month?

4. Which month do you like most?

5. What month(s) does your favorite season fall on?

6. If you could, what month this year would you go traveling?

7. Which is the busiest month for you?

8. Which do you think is the most festive month of the year?

9. Which do you think is the slowest month of the year?

10. Which month(s) are you looking forward to this year?

14

Dates and Time

PICKING UP VOCAB

Provided are three conversations on telling dates. Analyze and identify the patterns of talking about dates in Spanish.

Ana: Sonia, no recuerdo qué día es el examen de Biología. ¿Puedes decirme, por favor?
Sonia: Por supuesto, Ana. Es **el 4 de noviembre** (el cuatro de noviembre).
Ana: ¿Estás segura? Creo que **el 4 de noviembre** (el cuatro de noviembre) es el examen de Geografía, no de Biología.
Sonia: No, el examen de Biología es **el 14 de noviembre** (el catorce de noviembre).
Ana: Tienes razón. Y el examen de Química es **el 15 de noviembre** (el quince de noviembre), ¿Verdad?
Sonia: No estoy segura, pero creo que es **el 25 de noviembre** (el veinticinco de noviembre).
Ana: ¡Oh no! ¡Ese día es mi cumpleaños!
Sonia: ¿De verdad? ¿No es **el 24 de noviembre**? (el veinticuatro de noviembre).
Ana: No, **el 24 de noviembre** (el veinticuatro de noviembre) es el cumpleaños de mi hermana, Carla.

NOTE

PICKING UP VOCAB

Ana: Sonia, I don't remember what day the biology exam is. Can you tell me, please?
Sonia: Of course, Ana. It's November 4.
Ana: Are you sure? I think November 4 is the Geography exam, not Biology.
Sonia: No, the Biology exam is on November 14.
Ana: You are right. And the Chemistry test is on November 15, right?
Sonia: I'm not sure, but I think it's November 25.
Ana: Oh no! That day is my birthday!
Sonia: Really? It isn't November 24?
Ana: No, November 24 is my sister Carla's birthday.

NOTE

PICKING UP VOCAB

Sonia: Cierto, siempre equivoco las fechas. Mira, en mi agenda dice que el examen de Química es **el 5 de noviembre** (el cinco de noviembre).

Ana: ¡Qué mal! Es muy pronto. Mejor comienzo a estudiar ahora. ¡Hasta luego, Sonia!

Sonia: Sí, es una buena elección. ¡Hasta luego, Ana!

NOTE

PICKING UP VOCAB

Sonia: Right, I always get the dates wrong. Look, in my agenda it says that the Chemistry exam is on November 5.

Ana: How bad! That is too soon. I better start studying now. See you later, Sonia!

Sonia: Yes, it is a good choice. See you later, Ana!

NOTE

PICKING UP VOCAB

Hugo: Buen día, necesito comprar un boleto a Valencia, por favor.
Vendedor: Buen día, señor. ¿Qué día prefiere viajar?
Hugo: Necesito viajar **el 18 de julio** (el dieciocho de julio).
Vendedor: Lo siento, pero todos los asientos están ocupados para ese día. Puedo ofrecerle un boleto para **el 16 de julio** (el dieciséis de julio).
Hugo: No, eso es muy pronto. ¿Tiene lugar para **el 21 de julio**? (El veintiuno de julio).
Vendedor: **El 21 de julio** (el veintiuno de julio) está disponible, pero solamente por la mañana.
Hugo: Necesito viajar por la tarde.
Vendedor: En ese caso, puedo ofrecerle un lugar un día después, **el 22 de julio** (el veintidós de julio).
Hugo: Excelente, entonces quiero ese lugar. ¿Cuándo llega a Valencia?
Vendedor: Llega a Valencia dos días después, **el 24 de julio** (el veinticuatro de julio).
Hugo: Perfecto, lo quiero.

NOTE

PICKING UP VOCAB

Hugo: Good day, I need to buy a ticket to Valencia, please.
Seller: Good day, sir. What day do you prefer to travel?
Hugo: I need to travel on July 18.
Seller: I'm sorry, but all seats are taken for that day. I can offer you a ticket for July 16.
Hugo: No, that is too soon. Do you have a spot for July 21?
Seller: On July 21 (the twenty-first of July), we have seats available but only in the morning.
Hugo: I need to travel in the afternoon.
Seller: In that case, I can offer you a spot a day after, on July 22.
Hugo: Excellent, then I want that spot. When does it arrive in Valencia?
Seller: It arrives in Valencia two days later, on July 24.
Hugo: Perfect, I want it.

NOTE

PICKING UP VOCAB

Claudio: Hola, cariño. ¿Tienes planes para **el 13 de diciembre**? (El trece de diciembre).

Victoria: Buen día, querido. No lo sé, estoy un poco perdida con los días de esta semana. ¿Qué día es hoy?

Claudio: Hoy es **el sábado 4 de diciembre** (cuatro de diciembre).

Victoria: Oh, cierto. Creo que no tengo planes, ¿Por qué preguntas?

Claudio: Porque quiero invitarte a un concierto de Joaquín Sabina, y es **el lunes 13 de diciembre** (trece de diciembre).

Victoria: Pero el concierto de Sabina es **el jueves 23 de diciembre** (veintitrés de diciembre).

Claudio: ¿Sí? ¿Cómo lo sabes?

Victoria: Sí, lo sé porque es el día después de nuestro aniversario, ¡**el 22 de diciembre**! (El veintidós de diciembre).

Claudio: Oh, querida. ¡Lo siento mucho! Sabes que normalmente olvido las fechas.

Victoria: Lo sé, cariño, siempre las olvidas. Y no, no tengo planes para **el 23 de diciembre** (el veintitrés de diciembre). ¡Acepto la invitación!

NOTE

PICKING UP VOCAB

Claudio: Hi, dear. Do you have plans for December 13?

Victoria: Good morning, dear. I don't know, I'm a bit lost with the days this week. What day is it today?

Claudio: Today is Saturday, December 4.

Victoria: Oh, right. I think I don't have plans. Why do you ask?

Claudio: Because I want to invite you to a Joaquín Sabina concert, and it's on Monday, December 13.

Victoria: But Sabina's concert is on Thursday, December 23.

Claudio: Yes? How do you know?

Victoria: Yes, I know because it's the day after our anniversary, December 22!

Claudio: Oh, dear. I am so sorry! You know I usually forget the dates.

Victoria: I know, dear, you always forget them. And no, I have no plans for December 23. I accept the invitation!

NOTE

ORGANIZING PATTERNS

Write the following dates in Spanish. Answers can be found in the previous conversations but it is recommended that you try to apply what you've observed before referring to the answers.

November 4 - - - - - -
November 5 - - - - - -
November 14 - - - - - -
November 15 - - - - - -
November 24 - - - - - -
November 25 - - - - - -
July 16 - - - - - -
July 18 - - - - - -
July 21 - - - - - -
July 22 - - - - - -
July 24 - - - - - -
December 4 - - - - - -
December 13 - - - - - -
December 22 - - - - - -
December 23 - - - - - -

PROGRESS CHECK

How many words do you remember from the sample conversations?

List them here!

✓ 14.1 APPLYING PATTERNS

Write the following dates in Spanish.

August 11 -------

February 14 -------

May 5 -------

December 24 -------

January 3 -------

April 1 -------

November 2 -------

June 22 -------

March 27 -------

July 18 -------

September 21 -------

October 7 -------

✓ APPLYING PATTERNS

Provide a short answer in Spanish for the following questions.

e.g. What date was it last Monday? *el 7 de febrero*

1. What date is it today?
2. What date was it last Monday?
3. What date is next Monday?
4. What date is this Saturday?
5. What date was it last Sunday?
6. What date is tomorrow?
7. What date was it yesterday?
8. What date was it last Friday?
9. What date is this Friday?
10. What date is this Thursday?

PICKING UP VOCAB

Provided are three conversations on telling time. Analyze and identify the patterns of talking about time in Spanish.

Niño: Mamá, ¿Qué hora es?
Madre: Es la una y veinte, cariño. ¿Por qué preguntas?
Niño: ¿Y a qué hora llega papá de trabajar?
Madre: Tu padre llega a las dos y media. Otra vez, ¿Por qué preguntas?
Niño: ¿Y a las dos y media todavía hay sol?
Madre: Sí, cariño. A las dos y media de la tarde, todavía hay sol. ¿Qué planeas?
Niño: ¡Genial! ¿Entonces podemos ir a la playa a las dos y media?
Madre: A esa hora no, tu padre debe almorzar primero. Pero luego, por supuesto que sí.
Niño: ¿Luego? ¿A qué hora?
Madre: A las tres en punto. ¿Estás de acuerdo?
Niño: Sí, pero no más tarde de las tres. ¡Mi programa de televisión preferido comienza a las cinco de la tarde!

NOTE

PICKING UP VOCAB

    Boy: Mom, what time is it?
Mother: It's twenty past one, dear. Why do you ask?
    Boy: And what time does dad get home from work?
Mother: Your father arrives at half past two. Again, why do you ask?
    Boy: And at half past two will it still be sunny?
Mother: Yes, dear. At half past two in the afternoon, it's still sunny. What are you planning?
    Boy: Awesome! So, can we go to the beach at half past two?
Mother: Not at that time, your father must have lunch first. But after that, of course.
    Boy: After that? At what time?
Mother: At three o'clock (sharp). Do you agree?
    Boy: Yes, but no later than three. My favorite TV show starts at five in the evening!

NOTE

PICKING UP VOCAB

Joan: ¿Tienes planes para mañana, Kevin?
Kevin: Tengo clase de guitarra a las nueve de la mañana, y luego nada. ¿Por qué?
Joan: ¡Tienes clase muy temprano! Tengo boletos para el cine, ¿Quieres venir?
Kevin: ¿A qué hora es la película?
Joan: Comienza a las ocho y media de la tarde.
Kevin: Es un poco tarde, debo levantarme temprano el día siguiente.
Joan: Podemos ir a la función anterior, a las seis y cuarenta.
Kevin: A las seis y cuarto llega mi madre del trabajo, y debo preparar su comida.
Joan: De acuerdo, puedo cambiar los boletos para el miércoles. Hay una función a las siete menos cuarto.
Kevin: Creo que esa hora está bien. No tengo planes para el miércoles. ¿Qué hora es ahora?
Joan: Son las tres menos veinte.
Kevin: ¡Oh no! Debo volver a casa. Mi madre llega en media hora.

NOTE

PICKING UP VOCAB

Joan: Do you have plans for tomorrow, Kevin?
Kevin: I have guitar class at nine in the morning, and then nothing. Why?
Joan: You have class very early! I have movie tickets, do you want to come?
Kevin: What time is the movie?
Joan: It starts at half past eight in the evening.
Kevin: It's a little late, I have to get up early the next day.
Joan: We can go to the previous screening, at six forty.
Kevin: At a quarter past six my mother comes home from work, and I have to prepare her food.
Joan: Okay, I can change the tickets for Wednesday. There's a show at a quarter to seven.
Kevin: I think that time is fine. I have no plans for Wednesday. What time is it now?
Joan: It's twenty to three.
Kevin: Oh, no! I must go home. My mother arrives in half an hour.

NOTE

PICKING UP VOCAB

Secretaria: Clínica San Andrés, ¿Cómo puedo ayudarle?
Mónica: Buen día, señorita. Necesito una cita con el Doctor Rodríguez.
Secretaria: De acuerdo, señora. Puedo ofrecerle para mañana al mediodía, a las doce en punto.
Mónica: Mañana es imposible. ¿Qué tal el jueves?
Secretaria: El jueves está completo, pero el viernes hay un espacio a las cinco y diez.
Mónica: No, lo siento. Trabajo hasta las seis de la tarde. ¿Qué tal la próxima semana?
Secretaria: Déjeme ver... La próxima semana, sí. ¿Le parece bien el martes a las nueve y cuarto de la noche? Es un poco tarde, pero es el único momento disponible. El doctor está muy ocupado últimamente.
Mónica: Es tarde, sí, pero lo quiero.
Secretaria: De acuerdo, entonces el martes a las nueve y cuarto de la noche. Su nombre completo, ¿Por favor?
Mónica: Mónica Báez.
Secretaria: Excelente, Mónica. Su cita está agendada. ¡Buen día!
Mónica: Muchas gracias, buenos días.

NOTE

PICKING UP VOCAB

Secretary: San Andrés Clinic, how can I help you?
Mónica: Good day, Miss. I need an appointment with Doctor Rodriguez.
Secretary: Okay, ma'am. I can make one for tomorrow at noon, at twelve o'clock (sharp).
Mónica: Tomorrow is impossible. What about Thursday?
Secretary: Thursday is fully booked, but on Friday there is a slot at ten past five.
Mónica: No, I am sorry. I work until six in the evening. How about next week?
Secretary: Let me see... Next week, yes. Is Tuesday evening at a quarter past nine okay with you? It's a little late, but it's the only time available. The doctor is very busy lately.
Mónica: It is late, yes, but I want it.
Secretary: Okay, so Tuesday evening at a quarter past nine. Your full name, please?
Mónica: Mónica Báez.
Secretary: Excellent, Mónica. Your appointment is scheduled. Good day!
Mónica: Thank you very much, good day.

NOTE

ORGANIZING PATTERNS

Write the following time in Spanish. Answers can be found in the previous conversations but it is recommended that you try to apply what you've observed before referring to the answers.

1:20 --------

2:30 --------

2:30 p.m. --------

3:00 --------

5:00 p.m. --------

9:00 a.m. --------

8:30 p.m. --------

6:40 --------

6:15 --------

6:45 --------

2:40 --------

12:00 (noon) --------

5:10 --------

6:00 p.m. --------

9:15 p.m. --------

✓ 14.2 APPLYING PATTERNS

What is the time?

las cinco y cuarto	*5:15*
la una y cuarto	
la una y media	
las dos (en punto)	
las tres y media de la tarde	
las cuatro y media de la mañana	
el mediodía	
la medianoche	
las siete en punto	
las ocho y cuarto de la mañana	
las once (en punto)	
las once (en punto) de la noche	
las nueve y cuarto de la mañana	

✓ 14.3 APPLYING PATTERNS

What is the time?

las tres y media ---------- *3:30*

las nueve menos cuarto ----------

las diez y media ----------

las tres menos cuarto ----------

las cinco menos cuarto ----------

las once y cuarto ----------

las doce (en punto) ----------

las doce y media ----------

las ocho menos cuarto ----------

las doce menos cuarto ----------

las siete y media ----------

las once (en punto) ----------

las cuatro menos cuarto ----------

✓ 14.4 APPLYING PATTERNS

What is the time?

4:30 -------- *las cuatro y media*

2:20 --------

1:10 --------

9:40 --------

11:08 --------

3:30 --------

12:30 --------

4:10 --------

2:00 --------

7:50 --------

8:30 --------

12:00 --------

4:20 --------

✓ 14.5 APPLYING PATTERNS

What is the time?

7:15 ----------- *las siete y cuarto*

5:15 -----------

3:45 -----------

8:45 -----------

6:30 -----------

12:15 -----------

12:45 -----------

7:30 -----------

9:00 -----------

11:45 -----------

4:30 -----------

7:45 -----------

8:00 -----------

NOTES

Any special notes you'd like to jot down?

Here's your space!

✓ 14.6 APPLYING PATTERNS

Fill in the blanks in Spanish based on the given English text.

Periodista: Horacio, eres uno de los mejores tenistas del país. ¿Puedes contarnos cómo es una semana en tu vida?

Horacio: Durante la semana entreno mucho, especialmente por la mañana. Me levanto todos los días a _____ , desayuno y voy al gimnasio a _____ _____. Regreso a casa, almuerzo y salgo a correr. A _____ nado un poco en mi piscina, y luego descanso. Por la tarde, alrededor de _____ bebo jugo y como frutas, y a _____ _____ regreso al gimnasio. Por la noche no ceno, simplemente bebo una taza de té y me voy a la cama, a _____ _____ .

Periodista: ¿Cuándo juegas tenis?

Horacio: Los lunes, miércoles y viernes. Algunas veces a _____ , y otras veces, cuando no puedo dormirme, a _____ .

Periodista: ¿Cuándo es tu próximo partido?

NOTE

✓ 14.6 APPLYING PATTERNS

Journalist: Horacio, you are one of the best tennis players in the country. Can you tell us what a week in your life is like?

Horacio: During the week I train a lot, especially in the morning. I get up every day at **half past six in the morning**, have breakfast and go to the gym at **seven o'clock**. I go home, have lunch and go for a run. At **a quarter past four**, I swim a little in my pool, and then I rest. In the afternoon, around **half past six**, I drink juice and eat fruits, and at **a quarter to seven**, I return to the gym. I don't eat dinner in the evening, I just have a cup of tea and go to bed at **ten o'clock**.

Journalist: When do you play tennis?

Horacio: On Mondays, Wednesdays and Fridays. Sometimes at **half past two** in the afternoon, and other times, when I can't fall asleep, at **midnight**.

Journalist: When is your next match?

NOTE

✓ 14.6 APPLYING PATTERNS

Horacio: El sábado _____ (veinticinco de abril) tengo un partido muy importante en Melbourne, Australia. Y el sábado _____ (diecisiete de agosto) hay otro partido en Nueva York.

Periodista: ¿A qué hora comienza cada partido?

Horacio: Los partidos comienzan a _____ _____ , y terminan alrededor de _____ .

Periodista: ¿Cuándo juegas el próximo partido en nuestro país?

Horacio: Creo que _____ (el diecinueve de octubre), pero no estoy seguro de la fecha.

Periodista: Quizás hablas del partido del _____ _____ (dieciséis de octubre), ¿es correcto?

Horacio: Sí, es correcto. Lo lamento, muchas veces olvido las fechas exactas.

NOTE

✓ 14.6 APPLYING PATTERNS

Horacio: On Saturday, **April 25**, I have a very important match in Melbourne, Australia. And on Saturday, **August 17** there is another match in New York.

Journalist: What time does each match start?

Horacio: The games start at **a quarter past six in the morning**, and end around **a quarter past ten**.

Journalist: When are you playing your next match in our country?

Horacio: I think **October 19**, but I'm not sure about the date.

Journalist: Perhaps you are talking about the match on **October 16** (the sixteenth of October), is that correct?

Horacio: Yes, that is correct. I'm sorry, I often forget the exact dates.

NOTE

ANSWERS

1.1 hija
television
mesa
sol
diez
viernes
ayer
señor
gris
león

1.2 otoño
corazón
té
mujer
niño
México
examen
vaca
luz
junio

1.3 despacio
bebé
jefe
gata
kilo
hoy
qué
fácil
ayer
niña

1.4
A	a	Ñ	eñe
B	be	O	o
C	ce	P	pe
D	de	Q	cu
E	e	R	erre
F	efe	S	ese
G	ge	T	te
H	hache	U	u
I	i	V	uve
J	jota	W	uve doble
K	ka	X	equis
L	ele	Y	ye
M	eme	Z	zeta
N	ene		

1.5 ciudad   jugo
playa
cena
señora
ya
tigre
baile
flor
taza

1.6 be, a, ene, a, ene, a
ese, a, ele
o, jota, o
ene, a, erre, i, zeta
i, ene, ge, ele, e, ese
be, a, eñe, o
pe, a, erre, cu, u, e
ce, ele, a, ese, e
de, o, ene, de, e
a, eñe, o

2.1 cero
uno
dos
tres
cuatro
cinco
seis
siete
ocho
nueve
diez

2.2 cero
uno
diez
tres
dos
nueve
cuatro
cinco
ocho
siete
cuatro
cero
uno
diez
dos
seis
siete
tres
cinco
nueve

2.3 dos
dos
uno
cuatro
tres
cinco
nueve
siete
seis
ocho
nueve
ocho
siete
seis
cinco

cuatro
tres
dos
uno
diez

2.4 11 once
    12 doce
    13 trece
    14 catorce
    15 quince
    16 dieciséis
    17 diecisiete
    18 dieciocho
    19 diecinueve
    20 veinte

2.5 cero
    uno
    dos
    tres
    cuatro
    cinco
    seis
    siete
    ocho
    nueve
    diez
    once
    doce
    trece
    catorce
    quince
    dieciséis
    diecisiete
    dieciocho
    diecinueve
    20
    21
    22
    23
    24
    25
    26
    27
    28
    29
    30
    treinta y tres
    treinta y cuatro
    treinta y cinco
    treinta y seis
    treinta y siete
    treinta y ocho
    treinta y nueve

2.6 21 veintiuno
    70 setenta
    20 veinte

30 treinta
12 doce
15 quince
11 once
13 trece
14 catorce
40 cuarenta
50 cincuenta
60 sesenta
80 ochenta
100 cien
90 noventa
19 diecinueve
23 veintitrés
1 uno
5 cinco
10 diez

3.1 Hello - *Hola*
    Hello (informal) - *Buenas*
    Good morning - *Buenos días*
    Good evening - *Buenas tardes*
    Good night - *Buenas noches*
    How are you? - *¿Cómo estás?*
    What's up? / How's it going? - *¿Qué tal?*
    What's up? - *¿Qué pasa?*
    Good to see you - *Que gusto verlo*
    Good, thank you, and you? - *Bien, gracias, ¿y tú?*
    Very good / well - *Muy bien*
    I'm glad to see you - *Me alegro de verte*
    As usual - *Como siempre*
    So-so / alright - *Regular / así, así / Más o menos*
    Not very good - *No muy bien*
    Okay - *De acuerdo / Vale*
    See you - *Nos vemos*
    See you later - *Hasta luego*
    See you soon - *Hasta pronto*
    Goodbye! - *¡Adiós!*
    Well, I have to go - *Bueno, me tengo que ir*
    Bye - *Chao*
    Till tomorrow / see you tomorrow - *Hasta mañana*
    Have a great day - *Que tengas un buen día*
    I wish you well / all the best - *Que te vaya bien*
    Take care (informal) - *Cuídate*
    Take care (formal) - *Cuídese*

3.2 See you - *Nos vemos*
    Okay - *De acuerdo / Vale*
    So-so / alright - *Regular / así, así / Más o menos*

Good to see you - *Que gusto verlo*
As usual - *Como siempre*
Very good / well - *Muy bien*
I'm glad to see you - *Me alegro de verte*
Not very good - *No muy bien*
Good, thank you, and you? - *Bien, gracias, ¿y tú?*
See you later - *Hasta luego*
Good evening - *Buenas tardes*
I wish you well / all the best - *Que te vaya bien*
What's up? / How's it going? - *¿Qué tal?*
How are you? - *¿Cómo estás?*
Hello - *Hola*
Bye - *Chao*
Till tomorrow / see you tomorrow - *Hasta mañana*
Good morning - *Buenos días*
Have a great day - *Que tengas un buen día*
Good night - *Buenas noches*

What's up? / How's it going? - *¿Qué tal?*
What's up? - *¿Qué pasa?*
So-so / alright - *así, así / Más o menos*
See you - *Nos vemos*
Goodbye! - *¡Adiós!*
Bye - *Chao*
Have a great day - *Que tengas un buen día*

3.3
1. c
2. a
3. c
4. c
5. c
6. a
7. a
8. b
9. b
10. a
11. a
12. a
13. c
14. a
15. a
16. a
17. c
18. a
19. a
20. b

3.4
1. Que tengas un buen día.
2. Qué gusto verlo.
3. Que te vaya bien.
4. ¿Cómo te va?
5. Tengo que irme.
6. Me alegro de verte.
7. Me tengo que ir.
8. Buenas, ¿cómo estás?

3.5
Hello - *Hola*
Good night - *Buenas noches*
Very well - *Muy bien*
As usual - *Como siempre*
See you later - *Hasta luego*
Till tomorrow / see you tomorrow - *Hasta mañana*
Take care (informal) - *Cuídate*
Not very well - *No muy bien*
Good morning - *Buenos días*
Take care (formal) - *Cuídese*
Hello - *Buenas*
Good evening - *Buenas tardes*
How are you? - *¿Cómo estás?*

4.1
qué
quién
cuándo
dónde
cuál
cuáles
por qué
cómo
cuánto
cuántos
cuánta
cuántas

4.2
1. b
2. a
3. c
4. b
5. a
6. c
7. c
8. a
9. a
10. b
11. a
12. a
13. b
14. b
15. c
16. a
17. b
18. a
19. a
20. c

4.3
1. Qué
2. Qué
3. quién
4. quién
5. cuándo
6. cuándo
7. Dónde
8. Dónde
9. Cuáles
10. Dónde

4.4
1. Cuál
2. Por qué
3. Por qué
4. Cómo
5. Cómo
6. Cuántos
7. Cuánto
8. Cuánta
9. Cuánta
10. dónde

4.5
1. Qué
2. qué

3. Quiénes
4. quién
5. Cuándo
6. Cuál
7. cuál
8. Cuándo
9. Dónde
10. quién

4.6
1. Dónde
2. Por qué
3. Por qué
4. Cómo
5. Cómo
6. Cuánto
7. Cuánto
8. Cuánta
9. Cuántas
10. Qué

4.7
1. Qué
2. Qué
3. quién
4. Cuándo
5. Cuándo
6. Dónde
7. Cuáles
8. cuál
9. Cuáles
10. Por qué

4.8
1. Por qué
2. Por qué
3. Cómo
4. Cómo
5. Cómo
6. Cuánto
7. Cuántos
8. Cuánto
9. Cuántas
10. Cuántas

5.1
1. a
2. a
3. b
4. a
5. c
6. c
7. a
8. b
9. c
10. b

5.2
1. b
2. c
3. a
4. b
5. a
6. b
7. c
8. c
9. a
10. c

5.3
1. Por favor
2. Gracias
3. Gracias
4. por favor
5. por favor
6. Buen provecho
7. Muchas gracias
8. Disculpe
9. Gracias
10. Gracias
11. De nada
12. Gracias
13. por favor
14. Gracias

5.4
1. ¿Me puede ayudar?
2. Discúlpame, ¿podrías decirme dónde está la oficina?
3. ¿Me puedes ayudar con la tarea?
4. Encantado de ayudarte.
5. ¿Me puedes decir dónde está el banco?
6. ¿Me puede atender?
7. Gracias por ayudarme.
8. Quisiera un trago.
9. ¿Me podrías ayudar con esto?
10. Gracias por venir.

5.5
1. Sir, please, can you help me?
2. Good afternoon / evening. What can I help you with?
3. Waiter, please. Can you bring me the menu?
4. Are you (plural) paying in cash or by card?
5. I wish you (plural) a good day.
6. Have a good trip!
7. Can you help me with homework?
8. Happy to help you.
9. I would like a coffee with milk.
10. Thank you for helping me.

6.1 Name
1. What's your name?
2. What's your name?

3. What's your name? (formal) / What is his/her name?
4. My name is... (lit. I'm called...)
5. My name is...
6. His/Her name is... (lit. he/she is called...)
7. I am...
8. His/Her name is...

Age
1. How old are you? (lit. how many years do you have?)
2. I am... years old. (lit. I have... years)

Place of Origin
1. Where are you from?
2. Where are you from? (formal)
3. I'm from...

Field of Work
1. What is your job?
2. What do you do (for a living)?
3. What do you do for a living?

Hobbies and Interests
1. What's your hobby?
2. What do you like to do in your free time?
3. What do you do in your free time?
4. I like...
5. I love...
6. What do you like to do?
7. Do you have other hobbies?

Other
1. Pleased (to meet you)
2. Nice to meet you
3. It's a pleasure to meet you
4. It's nice to meet you
5. Pleasure to meet you (formal)
6. The pleasure is mine
7. It's a pleasure to talk to you
8. Likewise

6.2
1. c
2. a
3. a
4. c
5. b
6. b
7. c
8. b
9. a
10. c

6.3
1. c
2. a
3. b
4. a
5. a
6. c
7. b
8. a
9. a
10. c

6.4
1. ¿De dónde eres?
2. ¿De dónde es usted?
3. Me gusta leer.
4. ¿Cuál es tu trabajo?
5. Se llama Daniela.
6. Soy Fiona.
7. Tengo 18.
8. Igualmente.
9. ¿De dónde eres?
10. Me gusta escuchar música.

7.1
1. Ella
2. Nosotros
3. Yo
4. Usted
5. Ellos
6. Ustedes
7. Tú
8. Él
9. Vosotros
10. Ellas

7.2
1. Yo
2. Ellas
3. Ustedes
4. tú
5. Él
6. Ellos
7. Vosotros
8. Ella
9. Tú
10. Nosotros

7.3
1. Ella
2. Yo
3. Nosotros
4. Ellas
5. Ustedes
6. Tú
7. Usted
8. Ellos
9. Vosotras
10. Él

7.4
1. Vosotros
2. Ellas
3. Ellos
4. Yo
5. Usted
6. Tú
7. Nosotros
8. Él
9. Ella
10. Ustedes

8.1
1. beer
2. wine
3. lemon
4. chocolate
5. sandwich
6. breakfast
7. salt
8. onion
9. water
10. tea
11. milk
12. fish
13. sweet
14. potato
15. juice
16. coffee
17. lime
18. tomato
19. vegetable
20. cake
21. rice
22. cheese
23. restaurant
24. chicken
25. salad
26. dinner
27. lettuce
28. banana
29. apple
30. egg

8.2
1. chocolate
2. sándwich
3. vino tinto
4. jugo
5. pizza
6. lima
7. pastel
8. agua
9. verdura
10. zanahoria

8.3
1. lechuga
2. huevo
3. mantequilla
4. té
5. tomate
6. cerveza
7. agua
8. helado
9. azúcar
10. naranja

9.1
1. f
2. m
3. m
4. f
5. f
6. m
7. f
8. m
9. f

9.2

Masculine	Feminine
Té	Sopa
Queso	Cerveza
Pepino	Ensalada
Huevo	Fruta
Chocolate	Pizza
Pollo	
pescado	

9.3

Masculine	Feminine
Vino	Patata
Almuerzo	Leche
Desayuno	Carne
Helado	Verdura
	Mantequilla
	Cebolla
	Lechuga

10.1
1. los
2. el
3. los
4. los
5. el
6. las
7. la
8. las
9. la
10. las

11.1
1. un
2. un
3. un
4. un
5. un
6. una
7. una
8. una
9. una
10. una

11.2
1. unos
2. unos
3. unos
4. unos
5. unos
6. unas

7. unas
8. unas
9. unas
10. unas

11.3 <u>Masculine</u>
Singular	Plural
el (the)	los (the)
un (a/an)	unos (some)

<u>Feminine</u>
Singular	Plural
la (the)	las (the)
una (a/an)	unas (some)

11.4
1. the soup
2. the egg
3. the water
4. the meat
5. the fruits
6. the breakfasts
7. the pizzas
8. the potatoes
9. an ice cream
10. a salad

11.5
1. some soups
2. some eggs
3. the onions
4. a fruit
5. a lunch
6. the lettuces
7. a pizza
8. a fish
9. the cheese
10. the potato

12.1
1. *el lunes* (Monday), *el martes* (Tuesday)
2. *el miércoles* (Wednesday)
3. *el sábado* (Saturday), *el domingo* (Sunday)
4. *el lunes* (Monday)
5. *el miércoles* (Wednesday)
6. *el viernes* (Friday)
7. *el jueves* (Thursday)
8. *el martes* (Tuesday)
9. *el jueves* (Thursday)
10. *el martes* (Tuesday)

12.2
1. *el lunes* (Monday)
2. *el lunes* (Monday), *el viernes* (Friday)
3. *el miércoles* (Wednesday)
4. *el miércoles* (Wednesday)
5. *el lunes* (Monday), *el miércoles* (Wednesday), *el viernes* (Friday)
6. *el jueves* (Thursday)
7. *el martes* (Tuesday)
8. *el jueves* (Thursday)
9. *el martes* (Tuesday)
10. *el jueves* (Thursday)

12.3 *El lunes* - drum practice, football with friends

El martes - badminton with friends, help out at Dad's taco stand

El miércoles - drum practice, tutor younger sister

El jueves - help out at dad's taco stand, tutor younger sister

El viernes - drum practice, badminton with friends

El sábado - drum lesson, football with brothers and cousins

El domingo - grocery shopping with mom, picnic with family, visit grandparents

13.1 mayo - May
enero - January
febrero - February
abril - April
julio - July
diciembre - December
agosto - August
junio - June
marzo - March
noviembre - November
octubre - October
septiembre - September

13.2 enero
febrero
marzo
abril
mayo
junio
julio
agosto
septiembre
octubre
noviembre
diciembre

13.3
1. junio
2. enero
3. abril
4. mayo

5. octubre
6. diciembre
7. marzo
8. febrero
9. septiembre
10. julio
11. agosto
12. noviembre

14.1
1. August 11 - *el 11 de agosto*
2. February 14 - *el 14 de febrero*
3. May 5 - *el 5 de mayo*
4. December 24 - *el 24 de diciembre*
5. January 3 - *el 3 de enero*
6. April 1 - *el 1 de abril (el primero de abril)*
7. November 2 - *el 2 de noviembre*
8. June 22 - *el 22 de junio*
9. March 27 - *el 27 de marzo*
10. July 18 - *el 18 de julio*
11. September 21 - *el 21 de septiembre*
12. October 7 - *el 7 de octubre*

14.2
1. 1:15
2. 1:30
3. 2:00
4. 3:30 p.m.
5. 4:30 a.m.
6. Noon
7. Midnight
8. 7:00
9. 8:15 a.m.
10. 11:00
11. 11:00 p.m.
12. 9:15 a.m.

14.3
1. 8:45
2. 10:30
3. 2:45
4. 4:45
5. 11:15
6. 12:00
7. 12:30
8. 7:45
9. 11:45
10. 7:30
11. 11:00
12. 3:45

14.4
1. las dos y veinte
2. la una y diez
3. las diez menos veinte / las nueve y cuarenta
4. las once y ocho
5. las tres y media
6. las doce y media
7. las cuatro y diez
8. las dos (en punto)
9. las siete y cincuenta / las ocho menos diez
10. las ocho y media
11. las once (en punto)
12. las cuatro y veinte

14.5
1. las cinco y cuarto
2. las cuatro menos cuarto
3. las nueve menos cuarto
4. las seis y media
5. las doce y cuarto
6. la una menos cuarto
7. las siete y media
8. las nueve (en punto)
9. las doce menos cuarto
10. las cuatro y media
11. las ocho menos cuarto
12. las ocho (en punto)

14.6
1. las seis y media de la mañana
2. las siete en punto
3. las cuatro y cuarto
4. las seis y media
5. las siete menos cuarto
6. las diez en punto
7. las dos y media de la tarde
8. la medianoche
9. el 25 de abril
10. el 17 de agosto
11. las seis y cuarto de la mañana
12. las diez y cuarto
13. el 19 de octubre
14. el 16 de octubre

Reference

Spanish Alphabet Pronunciation. SpanishDict. Retrieved from https://www.spanishdict.com/guide/spanish-alphabet-pronunciation

LEARNING SPANISH THE NONTRADITIONAL WAY

HELP US IMPROVE

Enjoyed the book? Please consider taking a brief moment to let us know your thoughts.

:)

We go through every single feedback and we are always looking to retain what works for Spanish learners and change what doesn't!

MORE SPANISH LEARNING RESOURCES

Happen to be into Spanish slang?

Get a free copy of this book on our website at spanz2a.com !

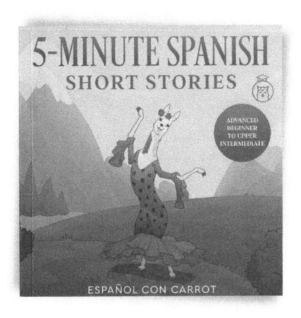

Ever wondered what Christmas is like in Venezuela? What about the famous Holy Week in Spain? Or a typical asado evening in Argentina?

ESPAÑOL CON CARROT

Looking to add some fun to your Spanish vocabulary learning? Let's try adding word search puzzles to the mix!

Printed in the USA
CPSIA information can be obtained
at www.ICGtesting.com
LVHW080752221024
794392LV00034B/204